新编学生国学丛书

韩非子

唐敬杲　选注

余欣然　校订

中国文史出版社

图书在版编目（CIP）数据

韩非子/唐敬杲选注；余欣然校订．——北京：中国文史出版社，2019.10

（新编学生国学丛书/缪天绶等主编）

ISBN 978-7-5205-1506-1

Ⅰ．①韩…　Ⅱ．①唐…　②余…　Ⅲ．①法家②《韩非子》-注释　Ⅳ．①B226.52

中国版本图书馆CIP数据核字(2019)第240982号

责任编辑：金　硕

出版发行：**中国文史出版社**
社　　址：北京市海淀区西八里庄路69号院　　邮　　编：100142
电　　话：010-81136606　81136602　81136603　81136605（发行部）
传　　真：010-81136655
印　　厂：北京温林源印刷有限公司
经　　销：全国新华书店
开　　本：880mm×1230mm　1/32
印　　张：3.875
字　　数：80千字
版　　次：2020年2月北京第1版
印　　次：2020年2月第1次印刷
定　　价：18.80元

总　序

冯天瑜

作为汉字古典词，“国学”本谓周朝设于王城及诸侯国都的贵族学校，以与地方性、基层性的“乡校”“私学”相对应。隋唐以降实行科举制，朝廷设“国子监”，又称“国子学”，简称“国学”，有朝廷主持的国家学术之意。

时至近代，随着西学东渐的展开，与来自西洋的“西学”相比配，在汉字文化圈又有特指本国固有学术文化的“国学”一名出现。如江户幕府时期（1601—1867）的日本人，自18世纪起，把流行的学问归为三类：汉学（从中国传入）、兰学（从欧美传入，19世纪扩称洋学）、国学（从《古事记》《日本书纪》发展而来的日本固有学术）。19世纪末、20世纪初，中国留日学生与入日政治流亡者，以及活动于上海等地的学人，采借日本已经沿用百余年的“国学”一名，用指中国固有的学术文化。1902年梁启超（1873—1929）撰文，以“国学”与“外学”对应，强调二者的互动共济，梁氏曰：“今日欲使外学之真精神普及于祖国，则当转输之任者，必邃于国学，然后能收其效。”（《论中国学术思想变迁之大势》）1905年国粹派在上海创办《国粹学报》，公示“发明国学，保存国粹”宗旨。这里的“国学”意为“国粹之学”。该刊发表章太炎（1869—1936）、刘师培（1884—1920）、陈去病（1874—1933）等人的经学、史学、诸子学、文字训诂方面文章，以资激励汉人的民族精神与文化自信。从此，中国人开始在“中国固有学术文化”意义上使用“国学”一词，为“国故之学”的简称。所谓“国故”，指中国传统的学术文化之故实，此前清人多有用例，如魏源（1794—1857）认为，学者不应迷恋词章，学问要从“讨朝章、讨国故始”（《圣武记》卷一一），这“讨国故”的学问，也就是后来所谓之国学。

经清末民初诸学者（章太炎、梁启超、罗振玉、王国维、刘师培、黄侃、陈寅恪等）阐发和研究，国学所涉领域大定为：小学、经学、史学、诸子、文学，约与现代人文学的文、史、哲相当而又加以综汇，突现了中国固有学术整体性特征，可与现代学校的分科教学相得益彰、彼此促进，故自 20 世纪初叶以来，“国学”在中国于起伏跌宕间运行百年，多以偏师出现，而时下又恰逢勃兴之际。

中国学术素有“文、史、哲不分家”的传统，中国学术的优势与缺陷皆与此传统相关。百年来的中国学校教育仿效近代西方学术体制，高度分科化，利弊互见。其利是促进分科之学的发展，其弊是强为分割知识。为克服破碎大道之弊，有人主张打通文、史、哲壁垒，于是便有综汇中国人文学的“国学”之创设，并编纂教材，进于学校教育、家庭教育、社会教育，其先导性教材结集，为 20 世纪 20 年代至 30 年代原商务印书馆由王云五策划并担任主编的《万有文库》之子系《学生国学文库》。所收均为四部重要著作。略举大凡：经部如诗、礼、春秋，史部如史、汉、五代，子部如庄、孟、荀、韩，并皆刊入；文辞则上溯汉、魏，下迄近代，诗歌则陶、谢、李、杜，均有单本，词则多采五代、两宋。丛书凡 60 册，已然囊括了“国学”之精粹。其鲜明之特色是选注者掺入了对原著的体味，经史诸书选辑各篇，以表见其书、其作家之思想精神、文学技术、历史脉络者为准。其无关宏旨者，概从删削、剔抉。选注者中不乏叶圣陶、茅盾、邹韬奋、傅东华这样的学界翘楚。他们对传统国学了然于胸，于选注自然是举重若轻，驾轻就熟。这样一份业经选注者消化、反刍的国学精神食粮自然更便于国学入门者吸收。

这样一套曾在 20 世纪初在传播传统文化、普及国学知识方面起到重要的作用的丛书即便今天来看也是历久弥新。中国文史出版社因应时势，邀约深谙国学之行家里手于原辑适当删减、合并、校勘，以 30 册 300 余万言，易名《新编学生国学丛书》呈献当今学子。诸书均分段落，作标点，繁难字加注音，以便省览。诸书原均有注释，古籍异释纷如，原已采其较长者，现做适当取舍、增删。诸书较为繁难、多音多义之字，均注现代汉语拼音，以便讽颂。诸书卷首，均有选注者序，述作者生平、本书概要、参考书举要等，凡所以示读者研究门径者，不厌其详，现一仍其旧。

这样一套入门的国学读物，读者苟能熟读而较之，冥默而求之，国学之精要自然神会。

是为序。

校订说明

丛书原名《学生国学文库》，为20世纪二三十年代商务印书馆王云五主编《万有文库》之子系，现易名《新编学生国学丛书》，奉献给广大国学爱好者。

原丛书共60种，考虑到难易程度、四部平衡、篇幅等因素，在广泛征求专家意见基础上，现删减为34种30册。

基本保留了原书的篇章结构。因应时势有极少量的删节。

原文部分，均选用通用、权威版本全文校核，参以校订者己见做了必要的校核和改订。为阅读的通顺、便利，未一一标注版本出处。

注释根据原文的结构分别采用段后注、文后注，以便读者省览。原注作了适当增删，基本上保持原文字风格，之乎者也等虚词适当剔除，增删力求通畅、易懂，避免枝蔓。典实、注引做了力所能及的查证，但因才学的有限疏漏可能在所难免。

原书为繁体竖排，现转简体横排。简化按通行规则，但考虑到作为国学读物，普及小学知识亦在情理之中，故而保留了少量通假字、繁体字、异体字，一般都出注说明。或许亦可增加读者的阅读兴趣和扩大知识面。

生僻、多音字作相应注音，原反切、同音、魏妥玛注音，均统一改现代汉语拼音。

国学读物校订，工作浩繁，往往顾此失彼，多有不当处，还望读者指正。

凡　例

一、《韩非子》凡如前《绪言》，其中各篇多出后人附益。此编择立说上比较可信者采录。又虽或比较可信，而其内容非关宏旨，如《说林》《内外储说》《解老》《喻老》等篇，亦屏不录。

二、原书各版本字句略有出入，此编视为义最长者从之，不拘一本。衍文、讹字经各家考证确实者，加［ ］符标明；补字、改字，则用小号字列于右旁；并注明依据何家所说，以存征信。

三、此编除原有段落外，更视文义起讫，加分新段落。原有段落，另起处空一行，新分段落另起不空，以示区别。

四、注释，在可能范围内，务求简明扼要。凡所根据各家，具载前《绪言》；下文为免赘累计，不复一一注明。

五、僻字、歧字，除诂义外，兼注音读。注音用现代汉语拼音。

绪　言

一、韩非略传

韩非，战国末韩国之疏属公子也。其系谱及生卒年代，今已不可得考。据《史记》：

非为人口吃，不能道说，而善著书。与李斯俱事荀卿，斯自以为不如非。非之从学荀卿，其时地虽无明文记载。惟荀卿在齐襄王时游于齐；齐王建九年（距韩亡时凡三十四年）前后，去齐适楚，遂老于楚。非既与李斯同时在荀卿之门，而斯之学于荀卿，《史记·李斯传》谓，在于楚，则非之学于荀卿，亦当在荀卿去齐适楚之后。惟韩非之学，兼汲申商、黄老之流，不尽出于荀子，则其在从学荀卿之后，当必别有所师事，然今不可考矣。

《史记》本传又谓：

非见韩之削弱，数以书谏韩王；韩王不能用。韩非疾治国不务修明其法制，执势以御其臣下，反举淫浮之蠹而加之于功实之上。以为，儒者用文乱法，而侠者以武犯禁；宽则宠名誉之臣，急则用介胄之士；所养非所用，所用非所养。悲廉直不容于邪枉之臣。观往者得失之变故，作《孤愤》《五蠹》《内外储说》《说难》十余万言……人或传其书至秦。秦王见《孤愤》《五蠹》之书曰："嗟乎！寡人得见此人，与之游，死不恨矣！”李斯曰：“此韩非之所著书。”秦因急攻韩。韩王始不用非；及急，乃遣非使秦。

按《史记·韩世家》，秦之攻韩在韩王安五年，即秦始皇十三年（《秦本纪》《六国表》并以为在始皇十四年）。韩乃遣非使秦。其后四年，秦复攻韩，虏王安，韩遂亡。即始皇之十七年。

《史记》本传又谓：

秦王悦之，未信用；李斯、姚贾害之，毁之曰：“韩非，韩之诸公子也。今王欲并诸侯，非终为韩，不为秦：此人之情也。今王不用，久留而归之，此自遗患也；不如以过法诛之。”秦王以为然，下吏治非。李斯使人遗非药，使自杀。韩非欲自陈，不得见。秦王后悔之，使人赦之，非已死矣。

非死于何年，今虽不复可考；然必在韩亡之前，则无可疑也。又以“秦王悦之，未信用”之事实推之，则非之被杀，必在入秦后未久，或竟在三数月之间；至多，亦不能过一年也。

二、韩非子书及其注校

《韩非子》旧简称《韩子》，《汉书·艺文志》称五十五篇，张守节《史记正义》引、梁阮孝绪《七录》称二十卷，《隋书·经籍志》称二十卷、目一卷。现今通行本，为二十卷、五十五篇，与上载符合。惟其中各篇，颇多可疑之处，恐有后人附益，不尽为韩非之作。如卷首《初见秦》《存韩》

二篇，一则劝秦王攻韩，一则劝秦王存韩，旨趣截然不同，显非一人之笔。又如卷末《忠孝》一篇“恬淡，无用之教也；恍惚，无法之言也”等诋斥老氏之语，与史公所谓“原于道德之意”不类。《人主》一篇，显然为缀辑他篇语意而成。《饬令》乃袭取《商子》之《靳令篇》，其论旨亦不合于非之所说。诸如此类，其真为非之所自著者，全书中恐不及半也。

《唐书·艺文志》载有“尹知章注《韩子》”，惟不载卷数，盖其亡已久。元何犿本称“旧有李瓒注”；然李瓒何时人，犿未之明言。现今通行本，亦略有注，简陋殊不足取。此注不知何人所撰。观其与《太平御览》《事类赋》《初学记注》所引相合，则其人当在宋前；惟是否为何犿所称之李瓒，则未可必耳。清儒从事考订者，有卢文弨检补一卷，王念孙《读书杂志余篇》十四条，俞樾《平议》一卷。近长沙王先慎荟集众说，著《韩非子集解》二十卷。日人中研治韩非子者，以太田方氏《韩非子翼毳》为佳。

三、韩非思想之渊源

当春秋战国之际，宗法社会以渐倾坏。因袭之礼教，既不足为经国治民之具；于是，有所谓“法家者流”，倡为法治主义，而管仲实为之先河。其后如申不害、商鞅、慎到、尹文之徒相继出，成为一有系统之学派；韩非则集此派之大成者也。《史记》本传谓非“喜刑名、法术，而归其本于黄、老”。“刑名”二字，当作“形名”，非后世之所谓“刑名”。

夫法者，商鞅之所以用秦；而术者，申不害之所以治韩。非则并取之，以为申、商二子能收富强之功，而终不能致韩、秦于霸王者，则因申子“徒术而无法”，商子“徒法而无术”也。“术者，主之所执；法者，臣之所师。君无术，则蔽于上；臣无法，则乱于下”：（定法）二者若衣食之于养生，不可一无者也。至于形名之说，则实为尹文之徒所倡道，韩非应用之于政治，以为人君所以制驭群下之法。即有事，群下呈己之意见，是为“名”；人主由其意见，授之以职事，而视其实功之如何（“功”即“形”也）。议论与实行一致时，谓之“形名参同”。视形名参同与否，以为赏罚，则群下始不敢以辩论饰智，以虚名邀赏，谨慎奉法，以尽其职事。如此，韩非取商子之法，申子之术，与尹文形名之说，融会而贯通之，以成其形名、法术兼用之学。

不特此也。当时思想界，有最显著之两大潮流：儒与道是已。韩非不特为法家派之大成，而又为此两大潮流之综合者。韩非既受业于荀卿之门，而又服膺老子之说。夫荀子之云“礼”，与韩非之“法”，名虽异，而为确立之律令则一。荀子主性恶，以礼为矫正性恶之具。韩非则专从利己之一面，观察人性；其所以力持惨酷无人道之法术，而悍然不顾者实，实一本于其人性利己之观念。此人性利己之观念，则荀子性恶说实为之渊源。又其主张因时为备，与重刑之足以为治，则于荀子法后王，与刑罚治世无不重，乱世无不轻之主张，不无根据也。太史公谓：“其原本于黄、老。”又谓：“申子卑卑，施之于名实；韩子引绳墨，切事情，明是非，其极惨核少恩，皆原于道德之意。”盖韩子之学说，又于老子之政治观有其根据者。如老子以为，人君能体道而虚无恬淡，则民自正，物自化；韩子本之，以为人君定法，而示臣下以所当遵守之道，己虚静而群臣自正，国自治。又其所谓“术者，人主之所执，而不可借之于群下”，乃亦本于老子“国之利器，不可示人”之说。

如此，则韩非之学实并儒、道、法三者之学统而综合之；先秦思想之潮流，实以韩非之学为归宿之渊海也。

四、学说概要

（一）人性利己之观念　韩非本于其师荀卿之性恶说，视人生一切行为，为皆出于利己之动机。至于人类间，实有普遍之同情、类感，彼则绝不承认之。以为，利之所在，则医者吮人之伤，而不得谓之慈；棺者欲人之死，而不得谓之忍。不特一般人之关系而已；即君臣、父子、夫妇、昆弟之间，亦无不由利益之观念结合。夫人类间之关系，至父子而极。“然父母之于子也，产男则相贺，产女则杀之。此俱出父母之怀妊，然男子受贺，女子杀之者，虑其后便，计之长利也。父母之于子也，犹用计算之心以相待，而况无父子之泽乎？”（《六反》）循是以推，则举世无可信赖之人；人人以利害为衡，互相残贼争竞，正如霍布士所谓：“人与人相遇，如遇狼。”故其言“数披其木，毋使枝大本小”，则宗室宜除；言

“爱臣太亲，必危其身，人臣太贵，必易主位”，则左右宜防；言“李兑傅赵王而饿主父，优施傅骊姬，杀申生而立奚齐”，则妻子且不足信。人人既各以利害之观念相为残贼，则自不得不以严酷之法术绳之；故韩非形名、法术之学，实以人心利己之观念为出发点也。

（二）因时之观念　我国学者之通习，大抵憧憬于过去，而以古代之复归为理想。韩非则不然。以为，人类社会之变迁，自为不可避之数；制度、法律，亦有应时变革之必要。彼举例以明之曰：

上古之世，人民野处穴居，而有巢氏构木为巢；茹毛饮血，而燧人氏钻燧取火；中古之世，天下大水，而鲧、禹决渎；近古之世，桀、纣暴乱，而汤、武征伐。今有构木、钻燧于夏后氏之世者，必为鲧、禹笑矣；有决渎于殷、周之世者，必为汤、武笑矣；然则，今有美尧、舜、汤、武、禹之道于当今之世者，必为新圣笑矣。是以圣人不期修古，不法常可，论世之事，因为之备。”（《五蠹》）

此所谓“论世之事，因为之备”，实为韩非政治哲学之中心思想。以为，彼其主张峻法严刑，乃应于时世之要求，而绝不为戾。“上古竞于道德，古世逐于智谋，当今争于气力”。居今之世，“不务修明其法制，执势以御其臣下”，而犹以先王之礼乐仁政倡道者，乃陷于“时代错误”之论也。故其言曰：治民无常，惟治为法；法与时转则治，治与世宜则有功。（《心度》）

夫古今异俗，新故异备，如欲以宽缓之政，治急世之民，犹无辔策而御駻马，此不知之患也。（同上）

此则因时之观念，为韩非立说之又一根据矣。

（三）参验与实用之观念　韩非学说，又以参验与实用之观念为之基础。彼之所谓“参验”，即现代之所谓“实验”，彼盖具有科学之精神者也。彼以为一切言行，均须验以实际上之功用。其言曰：

夫言行者，以功用为之的彀者也……不以功用为之的彀，言虽至察，行虽至坚，则妄发之说也。（《问辩》）

人皆寐则盲者不知，皆嘿则喑者不知；觉而使之视，问而使之对，则喑盲者穷矣……明主听其言，必责其用；观其行，必求其功；然则虚旧之学不谈，矜诬之行不饰矣。（《六反》）

彼更以此参验之说，诋斥当时学者之高谈尧、舜，曰：

孔子、墨子俱道尧、舜，而取舍不同，皆自谓真尧、舜；尧、舜不复生，将谁使定儒、墨子诚乎？殷周七百余岁，虞、夏二千余岁，而不能定儒墨之真；今乃欲审尧舜之道于三千岁之前，意者其不可必乎？无参验而必之者，愚也；弗能必而据之者，诬也。故明据先王，必定尧、舜者，非愚则诬也。（《显学》）

彼既以实验之说诋斥空谈，对于文学之士，遂绝端嫌恶。其言曰：

是故乱国之俗，其学者则称先王之道，以藉仁义，盛容

服而饰辩说，以疑当世之法，而贰人主之心。其言古者，为设诈称，借于外力以成其私，而遗社稷之利。(《五蠹》)

国平养儒侠，难至用介士；所利非所用，所用非所利；是故服事者简其业，而游于学者日众，是世之所以乱也。(同上)

盖当战国之世，学者竞尚空谈，游说纵横之徒，竞以巧辩眩惑人主，以猎取一时之富贵，而不顾实效之如何。韩非深察此弊，斥空言而进实功，彼盖为此时代精神之反抗者也。

（四）法治论　韩非既本此三种观念，则其当然之结论，自为法治与术治之主张。彼为法之定义曰：

法者，宪令著于官府，刑罚必于民心，赏存乎慎法，而罚加乎奸令者也。(《定法》)

法者，编著之图籍，设之于官府，而布之于百姓者也。

盖其所谓法者，乃为成文而公开之宪令，而以刑罚为之后盾者。彼以为，圣人立法之动机，非以贼民，乃在爱而利之，所谓置之死地而后生者。其言曰：

圣人之治民，度其本不从其欲，期于利民而已。故与之刑者，非所以恶民，爱之本也。刑胜而民静，赏繁而奸生。(《心度》)

今家人之治产也，相忍以饥寒，相强以劳苦，虽犯军旅之难，饥馑之患，温衣美食者，必是家也；相怜以衣食，相惠以佚乐，天饥、岁荒，嫁妻、卖子者，必是家也。故法之为道，前苦而后乐；仁之为道，偷乐而后穷。圣人权其轻重，

出其大利，故用法之相忍，而弃仁之相怜也。(《六反》)

彼更言不得不用法之故曰：

夫圣人之治国，不恃人之所以为我善也，而用其不得为非也。恃人之为我善也，境内不什数；用人不得为非，一国可使齐。为治者用众而舍寡，故不务德而务法。夫恃自直之箭，百世无矢；恃自圜之木，千世无轮矣……然世皆乘车射禽者，隐括之道用也。虽有……自直之箭，自圜之木，良工勿贵也；何则？乘者非一人，射者非一发也。不恃赏罚而恃自善之民，明主勿贵也；何则？国治不可失，而所治非一人也。(《显学》)

彼盖以为儒家之所谓礼教，仅能行之于少数出于例外之君子，而不能为统治一般人民之用。若一般人民之通性，“固骄于爱而听于威者”，不有峻法严刑以临之，不足以为治也。彼更举例以明之曰：

今有不才子，父母怒之弗为改，乡人谯之弗为动，师长教之弗为变……州部之吏，操官兵，推公法而求索奸人，然后恐惧，变其节，易其行矣。(《王蠹》)

韩非既以法为治国之要具，遂极端重视法律；以为法律之条文，无论何人当服从之。其言曰：

法不阿贵，绳不挠曲；法之所加，智者勿能辞，勇者勿敢争；刑过不避大臣，赏善不遗匹夫。(《有度》)

人人在法律之前平等，彼于此点，固亦具有近代法治之精神者也。

（五）*人君之术*　韩非除标榜法治之外，更主张所谓“术”者。彼为术之定义曰：

术者，因任而授官，循名而责实，操杀生之柄，课群臣之能者也。（《定法》）

盖法为官之所师，以之为治民之标准；术为君之所执，以之为整饬百官之方法。至所以为术之方，则一本于老子虚静无为之旨。其言曰：

人主之道，静退以为宝。不自操事，而知拙与巧；不自计虑，而知福与咎。是以不言而善应，不约而善增。（《主道》）

圣人执一以静，使名自命令事自定。不见其乘，下故素正。因而任之，使自事之；因而予之，彼将自举之。（《扬权》）

其论人君之要务有五：（1）隐秘其言行，（2）勿见所好恶，（3）勿任贤，（4）勿信亲近之人，（5）勿泄密计于近臣。盖彼本于人性利己之观念，以为百官臣工，无不为害己者。彼辈耽耽若虎狼之环伺，人主苟不静退自守，凡所举动，无不足为臣下迎合要徼之机，而召奸劫篡弑之祸。故其言曰：

不谨其闭，不固其门，虎乃将存；不慎其事，不掩其情，贼乃将生。（《主道》）

又其言循名责实之要曰：

言已应，则执其契；事已增，则操其符：符契之所合，赏罚之所生也。故群臣陈其言，君以其言授其事，以事责其功。功当其事，事当其言，则赏；功不当其事，事不当其言，则诛。（同上）

盖即上所谓形名之说焉。至其“七术”“六微”（《内储说上下》）之说，则纯以谲巧小智制驭臣下，是其学说之最不足为训者。

唐敬杲

1925年3月

目　录

主　道[1]

道[2]者，万物之始，是非之纪也[3]。是以明君守始，以知万物之源[4]；治纪，以知善败之端[5]。故虚静以待，令名自命也，令事自定也。虚则知实之情，静则知动者正[6]。有言者自为名，有事者自为形[7]；形名参同，君乃无事焉，归之其情[8]。故曰：君无见其所欲，君见其所欲，臣［自］将自雕琢[9]。君无见其意，君见其意，臣将自表异[10]。故曰："去好、去恶，臣乃见素[11]；去［旧］智、去［智］旧[12]，臣乃自备。"

故有智而不以虑，使万物知其处[13]；有［行］贤而不以［贤］行[14]，观臣下之所因；有勇而不以怒，使群臣尽其武。是故去智而有明[15]，去贤而有功[16]，去勇而有强[17]。群臣守职，百官有常，因能而使之，是谓习常[18]。故曰："寂乎其无位而处，漻乎莫得其所[19]。明君无为于上，君臣竦惧乎下。"

明君之道，使智者尽其虑，而君因以断事，故君不穷于智；贤者敕[20]其材，君因而任之，故君不穷于能；有功则君有其贤，有过则臣任其罪，故君不穷于名[21]。是故，不贤而为贤者师，不智而为智者正[22]。臣有其劳，君有其成功：此之谓贤主之经也[23]。

道在不可见，用在不可知[24]，虚静无事，以暗见疵。见而不见，闻而不闻，知而不知[25]。知其言以往[26]，勿变勿更，以参合阅焉。官有一人，勿令通言[27]，则万物皆尽。函掩其迹，匿其端，下不能原[28]。去其智，绝其能，下不能意[29]。保吾所以往而稽同之[30]，谨执其柄而固握之。绝其望，破其意，毋使人欲之，不谨其闭，不固其门，虎乃将存[31]。不慎其事，不掩其情，贼乃将生。

弑其主，代其所，人莫不与，故谓之虎。处其主之侧，为奸［臣］匿，［闻］间其主之忒[32]，故谓之贼。散其党，收其余，闭其门，夺其辅[33]，国乃无虎。大不可量，深不可测，同合刑[34]名，审验法式，擅为者诛，国乃无贼。

是故人主有五壅：臣闭其主，曰壅；臣制财利，曰壅；臣擅行令，曰壅；臣得行义，曰壅；臣得树人，曰壅。臣闭其主，则主失位；臣制财利，则主失德；臣擅行令，则主失制；臣得行义，则主失名；臣得树人，则主失党。此人主之所以独擅也，非人臣之所以得操也。

人主之道，静退以为宝。不自操事而知拙与巧；不自计虑，而知福与咎。是以不言而善应，不约而善增。言已应，则执其契；事已增，则操其符[35]；符契之所合，赏罚之所生也[36]。故群臣陈其言，君以其言授其事，以事责其功。功当其事，事当其言，则赏；功不当其事，事不当其言，则诛。

明君之道，臣不得陈言而不当。是故，明君之行赏也，暧[37]乎如时雨，百姓利其泽；其行罚也，畏乎如雷霆，神圣不能解也[38]。故明君无偷[39]赏，无赦罚。赏偷，则功臣堕其业[40]；

赦罚，则奸臣易为非。是故，诚有功，则虽疏贱必赏；诚有过，则虽近爱必诛。疏贱必赏[41]，近爱必诛，则疏贱者不怠，而近爱者不骄也。

---

①述所以为人君之道，故名“主道”。此篇与下《扬权篇》，俱为用韵古体。　②《老子》云：“有物混成，先天地生，字之曰‘道’。”　③万物从道生，是非因道彰，故曰“万物之始，是非之纪”。　④守始：谓体道也；体道则虚静，虚静则明，明则物自来应，故知万物之源。　⑤治纪，则是非井然，故知功过之所由也。　⑥己虚心，则知彼胸臆之情伪；己清静，则知彼举止之正邪。　⑦形：实也。自为名、自为形：谓名实之当否自见也。　⑧形名参同：使名当其实，实当其名也。无事：无为也。归之其情：事皆见其本质，无伪饰也。⑨“自”，依卢文弨、太田方说，移“将”下。雕琢：务外饰也。　⑩表异：自表其特色，以迎合上意也。　⑪去：谓不示也。好、恶：情之见于外者也。素：与“愫”通，本色。⑫“旧”、“智”，依王念孙说，互改。旧：巧也；古读若“忌”，与“备”为韵。　⑬处：犹言分位。此言上不自用智而使下知其职分。　⑭“行”、“贤”，依王先慎说互改。　⑮君不自用智，臣下各尽其虑，辐辏并进，而明不蔽矣。　⑯群贤不肖得其实情，故有功。　⑰任众人之力，以道御之，人各自力，故有强。　⑱习：与“袭”通，重复因仍之义；习常：循一定之规则，因应而不变也。　⑲位：谓其所立也。漻（liáo）：虚空也。心者，神之所立也，而无方所，此无位之位，所谓无

思无为，寂然不动者也。　⑳敕：试也，劳也，饬也。㉑名：声誉也。　㉒“师”、“正”，皆“长”之义。“不贤”、“不智”，谓君；“贤”、“智”，谓臣。　㉓经：常法也。㉔道虚玄，故曰“在不可见”。用，必待无用以为用，故曰“在不可知”。　㉕道在迩，虽常见，而视之不见；虽常闻，而听之不闻；虽常知，而问之不知。此言为之思之，即乖也。㉖往：行也；知其言以往：谓知斯术以从事也。　㉗各令守职，勿使相通；既相猜，则自各尽其实情矣。　㉘函掩：包含、掩盖。函，通“含”。迹：行事之迹；端：心情之端；原：缘因也。人主掩迹、匿端，则下无所因以乘之也。　㉙意：揣度也。　㉚保：犹“抱”也。所以往：上文“知其言以往”之义。稽同：犹言参合，考检。　㉛闭：谓谋虑；门：谓耳目；虎：谓奸臣。奸臣因机事之漏与君心之好恶，以成其奸；若不周密谋虑，贞固耳目，则奸臣乘之而篡窃弑劫矣。㉜“臣”、“闻”二字据王念孙说改。匿，读为“慝”。间：窥伺也。“忒”与“匿”通，隐情也。　㉝“党”、“余”、“辅”，均谓奸臣之党与；“门”则君之耳目，奸臣所由以声色攻君者。　㉞刑：读为“形”。　㉟契：凭证，竹简或木片上刻字，分成两半，当事人各执其一，验证时将两半相合。符：两相合以取信者。此喻以其言，授其事，以责其功也。　㊱事功与言论，合则赏，不合则罚，故曰“符契之所合，赏罚之所生也”。㊲暖，读为“爱”。温润。　㊳谓虽神圣之人，不能以智辩、货贿解有罪也。　㊴偷：苟且也，犹云“妄”也。　㊵堕：通“惰”，懒惰。　㊶依王先慎说增。

有　度

国无常强，无常弱。奉法[①]者强，则国强；奉法者弱，则国弱。荆庄王[②]并国二十六，开地三千里；庄王之氓社稷也，而荆以亡[③]。齐桓公并国三十，启地三千里[④]；桓公之氓社稷也，而齐以亡。燕［襄］昭王[⑤]以河为境，以蓟为国，袭涿、方城，残齐，平中山[⑥]，有燕者重，无燕者轻[⑦]；［襄］昭王之氓社稷也，而燕以亡。魏安釐王攻燕救赵，取地河东，攻尽陶、魏之地[⑧]；加兵于齐，私平陆之都[⑨]；攻韩拔管[⑩]，胜于淇下；睢阳之事，荆军老而走[⑪]；蔡、召陵[⑫]之事，荆军破；兵四布于天下，威行于冠带之国[⑬]；安釐王死而魏以亡。故有荆庄、齐桓，则荆、齐可以霸，有燕［襄］昭、魏安釐，则燕、魏可以强。今皆亡国者，其群臣官吏皆务所以乱，而不务所以治也[⑭]。

其国乱弱矣，又皆释国法而私其外[⑮]，则是负薪而救火也，乱弱甚矣。故当今之时，能去私曲就公法者，民安而国治；能去私行行公法者，则兵强而敌弱。故审得失、有法度之制者，加以群臣之上，则主不可欺以诈伪[⑯]；审得失有权衡之称者，以听远事，则主不可欺以天下之轻重。

今若以誉进能，则臣离上而下比周[⑰]；若以党举官，则民务交而不求用于法[18]。故官之失能者，其国乱。以誉为赏，以毁为罚也，则好赏恶罚之人，释公［行］法[19]，行私术，比周以相为也。忘主外交，以进其与[20]，则其下所以为上者薄矣。交众与多，外内朋党，虽有大过，其蔽多矣[21]。故忠臣危死于非罪，奸邪之臣安利于无功。忠臣危死而不以其罪，则良臣伏矣[22]；奸邪之臣安利不以功，则奸臣进矣。此亡之本也。若是，则群臣废法而行私重[23]，轻公法矣。数至能人之门[24]，不壹至主之廷；百虑私家之便，不壹图主之国。属数虽多，非所以尊君也[25]；百官虽具，非所以任国也[26]。然则主有人主之名，而实托于群臣之家也。故臣曰："亡国之廷无人焉[27]。"

廷无人者，非朝廷之衰也[28]。家务相益，不务厚国；大臣务相尊，而不务尊君；小臣奉禄养交，不以官为事。此其所以然者，由主之不上断于法，而信下为之也。故明主使法择人，不自举也；使法量功，不自度也[29]。能者不可弊，败者不可饰，誉者不能进，非者弗能退[30]，则君臣之间，明辩而易治[31]。故主雠法则可也[32]。

贤者之为人臣，北面委质[33]，无有二心。朝廷不敢辞贱，军旅不敢辞难；顺上之为，从主之法，虚心以待令，而无是非也。故有口不以私言，有目不以私视，而上尽制之。为人臣者，譬之若手，上以修头，下以修足。清暖寒热，不得不救；镆铘傅体[34]，不敢弗搏。无私贤哲之臣，无私事能之士[35]，故民不越乡而交，无百里之戚[36]。贵贱不相逾，愚智提衡而立[37]，治之至也。

今夫轻爵禄，易去亡，以择其主，臣不谓廉。诈说逆法，倍主强谏[38]，臣不谓忠。行惠施利，收下为名[39]，臣不谓仁；离俗隐居，而以非上，臣不谓义。外使诸侯，内耗其国，伺其危险之陂，以恐其主，曰："交非我不亲，怨非我不解。"而主乃信之，以国听之。卑主之名，以显其身，毁国之厚，以利其家，臣不谓智。此数物者，险世之说也，而先王之法所简也[40]。先王之法曰："臣毋或作威，毋或作利，从王之指；毋或作恶，从王之路。"古者世治之民，奉公法，废私术，专意一行，具以待任[41]。

夫为人主而身察百官，则日不足，力不给[42]。且上用目，则下饰观；上用耳，则下饰声；上用虑，则下繁辞[43]。先王以三者为不足，故舍己能而因法数，审赏罚。先王之所守要[44]，故法省而不侵。独制四海之内，聪智不得用其诈，险躁不得关其佞[45]，奸邪无所依。远在千里外，不敢易其辞；[势]警在郎中，不敢蔽善饰非[46]；朝廷群下，直凑单微，不敢相逾越[47]。故治不足而日有余[48]，上之任势使然也。

夫人臣之侵其主也，如地形焉，即渐以往[49]，使人主失端，东西易面而不自知。故先王立司南以端朝夕[50]。故明主使其群臣不游意于法之外，不为惠于法之内，动无非法。

峻法所以凌过[游]外私也[51]，严刑所以遂令惩下也。威不贷错，制不共门[52]。威、制共，则众邪彰矣；法不信，则君行危矣；刑不断，则邪不胜矣[53]。故曰："巧匠目意中绳[54]，然必先以规矩为度；上智捷举中事，必以先王之法为比。”故绳直而枉木斫，准夷而高科[55]削，权衡县而重益轻，斗石设而多益少[56]。故以法治国，举措而已矣。

法不阿贵，绳不挠曲。法之所加，智者弗能辞，勇者弗敢争，刑过不避大臣，赏善不遗匹夫。故矫上之失，诘下之邪，治乱决缪，绌羡[57]齐非，一民之轨，莫如法；［属］厉[58]官威民，退淫殆[59]，止诈伪，莫如刑。刑重，则不敢以贵易贱；法审，则上尊而不侵。上尊而不侵，则主强而守要，故先王贵之而传之[60]。人主释法用私，则上下不别矣。

---

①奉法：谓执政官吏也。　②荆：楚也。庄王：名族，穆王子，共王父。　③氓社稷：谓死也。亡：谓失势力，非灭亡之义。　④齐桓公：襄公子，名小白。启：与“开”古通用。　⑤燕：姬姓国，召公之后。襄王：依顾广圻说，改“昭王”。昭王名平，王哙子。　⑥河：黄河。蓟：今天津蓟县。国：都也。涿：今河北涿州；方城：属涿。袭：重也。袭涿方城：谓以涿之方城为重蔽也。中山：国名。　⑦谓邻国得燕为党者，则重；反是者，则轻也。　⑧陶：今山东定陶也。　⑨私：以为己有也；言魏加兵于齐，以平陆为己邑也。⑩管：故管叔所都，今属河南郑县。　⑪师久为“老”。魏与楚相持于睢阳，而楚师遁。　⑫《史记·魏世家》云：“右蔡召陵，与楚兵决于陈郊上。”蔡县在豫州北七十里；召陵故城，亦在今河南郾城县东四十五里。　⑬兵：魏之兵也。冠带之国：诸夏也。诸夏冕服采章，异于蛮夷之被发左衽。　⑭所

谓奉法者弱也。　⑮营私于国法之外。　⑯谓得守法度之臣，授之以政位，加群臣之上，故不可欺以诈伪。　⑰能由誉进，所以比周于下，求其虚誉。　⑱官由党举，所以务交，求其亲援。　⑲行，据王先慎说改“法”。　⑳与：谓党与。　㉑朋党既多，递相隐蔽，虽有大过，无从而知也。㉒伏：谓隐。　㉓私重：谓朋党私相重也。　㉔能人：私人也。　㉕君之徒属人数虽多，皆行私重，故非尊君。㉖百官虽备，皆虑私家之便，故非任国。任：谓当其事也。㉗此系上韩王书，故自称臣。　㉘非朝廷之衰：谓非朝廷真空虚无人也。　㉙使法择人：以官名举人也；使法量功：按名督实也。　㉚弊：读为“蔽”；“弊”“蔽”古通。遮蔽，引申为埋没。以法量功，故能不可蔽，败不可饰也；以法择人，故誉不能进，非不能退也。　㉛明辩：《管子》作“明别”。“辩”与“辨”古通。　㉜雠：谓校定可否。　㉝质：与“贽”通，始为臣时所执以为礼者。　㉞镆铘：利剑名，傅：加于，迫近。　㉟贤哲之臣，事能之士，皆以公用之。㊱既任臣以公，则政平国理，人无异望；故不越乡而交，无百里之戚。　㊲提衡：两两相对如一也。提衡而立：谓愚智各得其所。　㊳倍主强谏：违背君主意图强行谏说。倍：通“背”，违背。　㊴收服下民之心，以为声誉。　㊵物：指上廉忠等。简：择而斥之也。　㊶具以待任：谓意与行俱待君之任使也。　㊷言当用法而察之。　㊸繁辞，则虑惑于说；饰声，则耳听不知其伪；饰观，则目视不得其真。㊹要：约也，一也；言先王之所执守者，不多端矣。　㊺险：

通“憸”，奸邪也。躁：通“譟”，多言也。关：用也。
㊻郎：近侍之官也。势：依俞樾说，改“暬”；暬：近也。
㊼凑：合也；单微：单独寒微之人也。言自亲近重臣，直至疏远卑贱之人，皆用法数以审赏罚，毋有相违。 ㊽治不足：言所治之事少，不足治也。日有余：有余暇也。 ㊾人之行路，积渐不觉而已易其方；喻人主为臣侵其权势而不自知者，非一朝一夕之故。 ㊿司南：即指南车，以喻国法；朝夕：喻正邪。 (51)《管子》作“动无非法者，所以禁过而外私也”。外：斥也。游：据顾广圻说删。 (52)门：所出也。谓刑罚之威，不以假人；政令之出，不与人共。 (53)邪不胜：谓邪不可胜诛。 (54)巧匠目视意度，皆合于绳墨。 (55)夷：平；科：物之凹凸。 (56)益：溢也；重则溢之使轻，多则溢之使少也。 (57)羡：有余也。 (58)属，据王念孙说改“厉”。
(59)殆：通“怠”，怠惰。 (60)贵明法有度之言，而传之于后世也。

扬 权[1]

天有大命[2]，人有大命。夫香美脆味，厚酒肥肉，甘口而病形；曼理皓齿，说情而损精[3]。故去甚去泰，身乃无害。

权不欲见，素无为也[4]。事在四方，要在中央[5]。圣人执要，四方来效；虚而待之，彼自以之[6]。四海既藏，道阴见阳[7]。左右既立，开门而当[8]。勿变勿易，与二俱行[9]，行之不已，是谓履理也。

夫物者有所宜，材者有所施，各处其宜，故上下无为。使鸡司夜，令狸执鼠，皆用其能，上乃无事。上有所长，事乃不方[10]。矜而好能，下之所欺[11]。辩惠好生，下因其材[12]。上下易用，国故不治[13]。

用一之道，以名为首，名正物定，名倚物徙；故圣人执一[14]以静，使名自命，令事自定。不见其采，下故素正[15]。因而任之，使自事之；因而予之，彼将自举之。正与处之，使皆自定之[16]，上以名举之。不知其名，复修其形[17]；形名参同，用其所生[18]。二者诚信，下乃贡情[19]。谨修所事，待命于天，毋失其要，乃为圣人。

圣人之道，去智与巧；智巧不去，难以为常[20]。民人用之，其身多殃；主上用之，其国危亡。因天之道，反形之理[21]，督参鞠之，终则有始[22]。虚以静后，未尝用已[23]。

凡上之患，必同其端[24]。信而勿同，万民一从[25]。夫道者，弘大而无形；德者，核理而普至[26]。至于群生[27]，斟酌用之；万物皆盛，而不与其宁[28]。道者，下周于事，因稽而命，与时生死[29]；参名异事，通一同情[30]。故曰："道不同于万物，德不同于阴阳，衡不同于轻重，绳不同于出入，和不同于燥湿，君不同于群臣。"凡此六者，道之出也[31]。道无双，故曰"一"；是故明君贵独。道之容，君臣不同道[32]。下以名祷，君操其名，臣效其形；形名参同，上下和调也。

凡听之道，以其所出，反以为之入[33]；故审名以定位，明分以辩类[34]。听言之道，［溶］容若甚醉[35]。唇乎齿乎，吾不为始乎！齿乎唇乎，愈惛惛乎[36]！彼自离之，吾因以知之[37]；是非辐辏，上不与构[38]。

虚静无为，道之情也；参伍比物，事之形也[39]。参之以比物，伍之以合虚[40]，根干不革，则动泄不失矣[41]。动之、溶之，无为而改之[42]。喜之则多事，恶之则生怨；故去喜、去恶，虚心以为道舍[43]。

上不与共之，民乃宠之；上不与义之，使独为之[44]。上固闭内扃，从室视庭[45]；参咫尺已具，皆之其处；以赏者赏，以刑者刑[46]。因其所为，各以自成；善恶必及，孰敢不信[47]。

规矩既设，三隅乃列[48]。主上不神，下将有因[49]。其事不当，下考其常[50]。若天若地，是谓累解[51]；若地若天，孰疏孰亲[52]。能象天地，是谓圣人。

欲治其内，置而勿亲[53]；欲治其外，官置一人[54]，不使自恣，安得移并[55]。大臣之门，唯恐多人[56]。凡治之极，下不能得[57]。周合刑名[58]，民乃守职。去此更求，是谓大惑；猾民愈众，奸邪满侧。故曰：毋富人而贷焉，毋贵人而逼焉[59]；毋专信一人而失其都国焉[60]。

腓大于股，难以趣走[61]。主失其神，虎随其后[62]。主上不知，虎将为狗[63]；主不蚤[64]止，狗益无已。虎成其群，以弑其母[65]。为主而无臣，奚国之有[66]？主施其法，大虎将怯；主施其刑，大虎自宁。法刑苟信，虎化为人，复反其真[67]。

欲为其国，必伐其聚[68]；不伐其聚，彼将聚众。欲为其地，必适其赐[69]；不适其赐，乱人求益。彼求我予，假仇人斧[70]。假之不可，彼将用之以伐我。黄帝有言曰："上下一日百战[71]。"下匿其私，用试其上；上操度量，以割其下。故度量之立，主之宝也；党与之具，臣之宝也。臣之所不弑其君者，党与不具也。故上失扶寸，下得寻常[72]。有国之君，不大其都[73]；有道之臣，不贵其家[74]；有道之君，不贵其臣。贵之、富之，备将代之[75]。备危恐殆，急置太子，祸乃无从起[76]。

内索出圉[77]，必身自执其度量。厚者亏之，薄者靡[78]之。亏靡有量，毋使民比周，同欺其上。亏之若月[79]，靡之若热[80]。简令谨诛，必尽其罚。毋弛而弓，一栖两雄[81]。一栖两雄，其斗嚼嚼[82]。豺狼在牢，其羊不繁[83]。一家二贵，事乃无功[84]；夫妻持政，子无适从[85]。

为人君者，数披其木，毋使木枝扶疏[86]；木枝扶疏，将塞公闾[87]。私门将实，公庭将虚，主将壅围。数披其木，无使木枝外拒[88]；木枝外拒，将逼主处。数披其木，毋使枝大本小[89]；枝大本小，将不胜春风[90]；不胜春风，枝将害心[91]。公子既众，宗室忧吟[92]。止之之道，数披其木，毋使枝茂；木数披，党与乃离。掘其根本，木乃不神[93]。填其汹渊，毋使水清[94]。探其怀，夺之威[95]；主上用之，若电若雷[96]。

---

①扬：阐扬；权：国柄，谓赏罚也。此篇在阐明人君操赏罚之权，以御四方之术，故名“扬权”。　②大命者，不知所以然而然者也。　③曼理皓齿：指美人。说：读为“悦”。谓食色所以养性者，而反害于性也。　④谓用人之权，不使人见，虚以应物；不必自为，执要以观其效，虚心而用其长。⑤要：枢纽也。言凡事任之群臣，人君则居中执其枢要。⑥以：用也。君但虚心以待之，彼自各用其能也。　⑦道：由也；道阴见阳：谓由一己之虚静，以见四海之动。　⑧左右：谓左辅右弼也。辅弼之臣立，则同类相从，同声相应，四方贤才毕来矣；君但开门而当之，可矣。当：受也。　⑨贤才既来，莫敢变易；但令与辅弼二臣，俱行职事。　⑩方：百事之宜。上有所长，矜而自用，则群臣各匿其能，以从上所好，故事皆失其宜也。　⑪好矜其能者，必喜人佞己，故称誉过于实而不自知。　⑫辩：辩口也。惠：与“慧”通，小智也。好生：谓妇人之仁。材：质性也。谓上辩慧好生，则其下必因质性而乘之。　⑬上代下任，下操上权，则国不治。⑭执一：言执要；要在中央而不二，故曰一。言执要之道，以

正名为始也。　⑮采：光彩；素：心之实情。言上不自炫其光彩，下故效情素而方正。　⑯正其名，使与处之，又使事物自定。　⑰形：事；循事以求名，则其名可知。　⑱所生：谓赏罚；视事与名，以为赏罚，故曰“所生”。　⑲二者：赏罚；谓信赏必罚，下乃以实情责上。　⑳任智巧，则必背道而行诈，故须去之。智穷于所不知，巧穷于所不能，故曰“难以为常”。　㉑反：履；谓履循事理。　㉒督：督察；参：参验；鞠：推鞠；终则有始：谓道理循环无端。　㉓虚以静后：当作“虚静以待”。　㉔端：谓所陈事之首。臣之陈事，不择可否，每皆同之，则是偏听而致患。　㉕臣所陈事，且当信之，无遂与同；然后择其善者，以之施教，则万民齐一而随从。　㉖道之在物，曰“理”；明验实事，曰“核”。普至：遍在。　㉗群生：万物。　㉘万物得之以盛，此道之功也；功成而不居。　㉙稽：满贮。而：汝，犹言“其”。命：天人之命也。时：谓无常也。言道者下流周遍于万事，因循满贮，其命可以死则死，可以生则生，无常操焉。　㉚参名：督名；异事：分职。通一：通于道；同情：同万物之情。　㉛谓六者，皆自道生。　㉜无形之形曰“容”，言道体君臣异所由也。　㉝谓凡听言之道，以其所出于口，反以入之于我耳。《吕氏春秋·审应篇》云：“人主出声应容，不可不审。凡主有识言，不欲先；人唱我和，人唱我随。以其出为之人，以其言为之名，取其实以责其名，则说者不敢忘言，而人主之所执，其要矣。”　㉞谓审察其名，则事位自定；明识其分，则物类自辨。　㉟溶，据俞樾说改“容”。凡听言者，欲暗以招明，愚以求智，故其容昏然若醉，则言者自尽情歟奏。　㊱唇、齿，出声发问也。人主虚心问臣，不以一物挟心，彼先我随。彼有所发明，我愈降心，曰“我惽，不能进于是矣”。前言“唇乎齿乎”，后言“齿乎唇乎”者，一以谐韵，一以反覆，欲其以察微旨。㊲离：陈。彼自陈其言，我就以知之。　㊳要在中央，故是非一归于君，若辐之辏于毂。构：读若“男女构精”之“构”，犹“同”。言群言之来，虽尽容之，然亦不一一与之同。㊴虚静无为，不可形容，故曰“情”；参伍比物，实事可按检者，故曰“形”。　㊵参：参错；伍：交互。合：偶合。物：有形。虚：无形。言有形之物，参错之，以比类相准；无形之名，交互之，以偶合相著。　㊶根：喻人君心术；干：喻国家典法。心术不显，故曰“根”，典法可见，故曰“干”。泄：当作“溶”，从容闲暇貌。谓心术与典法，一定而无变革，则动静举止，皆不失其宜矣。　㊷溶：从容闲暇之意。“动之溶之”之“之”字，足句之辞，无意义，如《左传》“童谣有之，曰：‘鸜之！鹆之！公出辱之！’”当言鸜鹆，而文句不足，故添“之”字耳。改：化，如《庄子》云：“处无为而物自化。”　㊸去喜怒好恶，以虚其心，则道来止，故为道舍。　㊹宠：赖也。言君不与臣共其权制，则政出于一，而民得攸赖矣。义：读为“议”；独为：犹专任也。言君不与其议，使臣专任其事。㊺扃：关户之木，喻内情也；术不欲见，故固闭。如是，则君能察臣，臣不能窥君，若从室而视庭也。　㊻参：谓参验；八尺曰“咫”。谓既闭心以参验之，咫尺以度量之，则大小长短，皆之其所，不相犯错；如此，则可赏则赏，可刑则刑，无乖谬矣。　⑰谓所为善恶，既各自成，善必及赏，恶必及刑；刑赏不差，谁敢不信。　⑱规矩：喻法度。言法度既设，四方乃正。凡物匡正一隅，则三隅皆正。　⑲不神：谓心神外淫，离其势位也。神不处，则七情代于内，故下因七情为奸矣。⑳考：考校；常：典常也。　㉑谓心若天之清，地之宁，情欲之累，释然解也。　㉒天地之于物，无有亲疏。如《管子·心术篇》云："圣人若天然，无私覆也；若地然，无私载也。"㉓内：内官，左右郎中之类也。置而勿亲：虽置其人，而不借诚情亲昵之也。　㉔外：外官，大臣从政者也。官置一人：言官中别置一人为监察也。　㉕移并：改变、侵占。　㉖臣门多人，威权在之故也。　㉗下不能得：谓明主周密固闭，下不能测其情。　㉘周：犹"合"。刑：读为"形"。"刑""形"古通。　㉙毋富贵其臣，而贷之权柄，以逼于己也。　㉚专信一人，壅蔽之道也；壅蔽，所以失国也。　㉛趣：与"趋"通；疾趋曰"走"。腓：胫后肉。此喻臣重于君，难以为治也。㉜失神，谓君离势位；虎随其后：谓臣将伺隙而篡弑之。㉝主既不知臣之为虎，则臣匿威藏用，外若狗然，所以阴谋其事。　㉞蚤：与"早"通。　㉟母：谓君也。　㊱谓有国必有臣，不能畏臣为虎而不用，惟在主施其刑法以制之。㊲谓大臣不为威，复返其本色。　㊳为：治也。聚：谓臣下之朋党交结；伐之者，所以离散其朋党也。　㊴适：节也；谓节赐与。　㊵乱人求益而与之，是犹以斧假仇人也。㊶上下之利害，极端相反，故曰"一日百战"。　㊷铺四指曰"扶"；八尺曰"寻"；倍寻曰"常"。　㊸都：诸侯子弟或卿大夫之采地。 ⑭家：家臣。 ⑮贵作威，富作福；威福俱备，劫弑之渐也。 ⑯太子者，君之副贰，国之重镇；今欲备其危殆，必速置之，则祸端自息矣。 ⑰入则索内宄，出则御外奸。圉，通“御”，禁也。 ⑱靡：即侈靡之靡，犹言华之也。 ⑲谓已渐移其权势，若月之渐缺。 ⑳富华臣下，犹温焫冷物，过热返炙其手；言小试之，恐其逼己。 ㉑而：汝也。弓：喻刑罚；栖：喻国；雄：喻君。谓若弛其刑罚，则将成一国两君之势也。 ㉒噸噸（yán）：争斗貌。 ㉓豺狼：喻吏之贪残者；羊：喻民；繁：读为“蕃息”之“蕃”。 ㉔二贵争出命，服役者不知谁从，故事无功。 ㉕适：读为“标的”之“的”，谓不知谁从而可也。 ㉖木：喻臣；披：为落其枝；扶疏：四布。数落木枝者，喻数削黜臣之威势。 ㉗闾：里门。 ㉘拒：谓枝之旁生者。 ㉙枝：喻臣；本：喻君。 ㉚春风：喻恩惠。谓大臣以私恩得党与，君将不胜之。 ㉛心：木心，喻国也。谓人臣行私恩，而君不胜，则将害于国矣。 ㉜吟：叹也。 ㉝根本：臣奸邪所由生；木乃不神：臣失其威势也。 ㉞汹：涌也；汹渊：龙之所潜塞汹渊而浊其水，则龙失其处；喻填奸邪之处所，而不使匿也。 ㉟探其怀：谓测知大臣之实情；夺其威：谓剥夺大臣之威权也。 ㊱威不下分，则君命神而可畏，故若雷电也。

孤　愤[①]

智术之士，必远见而明察；不明察，不能烛私。能法之士，必强毅而劲直；不劲直，不能矫奸[②]。人臣循令而从事，案法而治官，非谓重人也[③]。重人也者，无令而擅为，亏法以利私，耗国以便家，力能得其君：此所为[④]重人也。智术之士明察，听用，且烛重人之阴情[⑤]。能法之士，劲直听用，且矫重人之奸行。故智术、能法之士用，则贵重之臣必在绳之外矣[⑥]。是智法之士与当涂之人，不可两存之仇也[⑦]。

当涂之人擅事要，则外、内为之用矣[⑧]。是以，诸侯不因，则事不应，故敌国为之讼[⑨]。百官不因，则业不进[⑩]，故群臣为之用。郎中不因，则不得近主，故左右为之匿[⑪]。学士不因，则养禄薄、礼卑，故学士为之谈也[⑫]。此四助者，邪臣之所以自饰也。重人不能忠主而进其仇[⑬]，人主不能越四助而烛察其臣，故人主愈弊[⑭]，而大臣愈重。

凡当涂者之于人主也，希不信爱也，又且习故[⑮]。若夫即主心，同乎好恶，固其所自进也[⑯]。官爵贵重，朋党又众，而一国为之讼。则法术之士欲干上者，非有所信爱之亲，习故之泽[⑰]也；又将以法术之言，矫人主阿辟之心[⑱]，是与人主相反也。处势卑贱，无党孤特。夫以疏远与近信爱争，其数[19]不胜也；以新旅[20]与习故争，其数不胜也；以反主意与同恶好争，其数不胜也；以轻贱与贵重争，其数不胜也；以一口与一国争，其数不胜也。法术之士，操五不胜之势，以岁数而又不得见[21]。当涂之人，乘五胜之资[22]，而旦暮独说于前。故法术之士，奚道得进，而人主奚时得悟乎？故资必不胜，而势不两存，法术之士，焉得不危。

其可以罪过诬者，以公法而诛之[23]；其不可被以罪过者，以私剑而穷之[24]。是明法术而逆主上者，不僇[25]于吏诛，必死于私剑矣。朋党比周以弊主，言曲以便私者，必信于重人矣。故其可以功伐借者，以官爵贵之[26]；其可借以美名者，以外权重之[27]。是以弊主上而趋于私门者，不显于官爵，必重于外权矣。今人主不合参验而行诛，不待见功而爵禄[28]。故法术之士，安能蒙[29]死亡而进其说；奸邪之臣，安肯乘[30]利而退其身；故主上愈卑，私门益尊。

夫越虽国富兵强，中国之主皆知无益于己也，曰："非吾所得制也。"今有国者，虽地广人众，然而人主壅蔽，大臣专权，是国为越也。智不类越，而不智不类其国，不察其类者也[31]。

人［主］[32]所以谓齐亡者，非地与城亡也，吕氏弗制，而田氏用之；所以谓晋亡者，亦非地与城亡也，姬氏不制，而六卿专之也[33]。今大臣执柄独断，而上弗知收[34]，是人主不明也。与死人同病者，不可生也；与亡国同事者，不可存也；今袭迹于齐、晋[35]，欲国安存，不可得也。

凡法术之难行也，不独万乘，千乘亦然。人主之左右，不必智也；人主于人有所智而听之，因与左右论其言，是与愚人论智也。人主之左右，不必贤也；人主于人有所贤而礼之，因与左右论其行，是与不肖论贤也。智者决策于愚人，贤士程行于不肖[36]，则贤智之士羞，而人主之论悖矣。

人臣之欲得官者，其修士且以精洁固身，其智士且以治辩进业，［其修士］[37]不能以货赂事人。恃其精洁、治辩[38]，而更不能以枉法为治，则修智之士，不事左右，不听请谒矣。人主之左右，行非伯夷也；求索不得，货赂不至，则精辩之功息[39]，而毁诬之言起矣。治辩之功，制于近习，精洁之行，决于毁誉，则修智之吏废，而人主之明塞矣。不以功伐决智行，不以参伍[40]审罪过，而听左右近习之言，则无能之士在廷，而愚污之吏处官矣。

万乘之患，大臣太重；千乘之患，左右太信：此人主之所公[41]患也。且人臣有大罪，人主有大失，臣主之利，［与相］相与[42]异者也。何以明之哉？曰：主利在有能而任官，臣利在无能而得事；主利在有劳而爵禄，臣利在无功而富贵；主利在豪杰使能[43]，臣利在朋党用私。是以，国地削而私家富，主上卑而大臣重。故主失势而臣得国；主更称蕃臣[44]，而相室剖符[45]：此人臣之所以谲[46]主便私也。故当世之重臣，主变势[47]而得固宠者，十无二三。是其故何也？人臣之罪大也。臣有大罪者，其行欺主也，其罪当死亡也。智士者，远见而畏于死亡，必不从重人矣。贤士者，修廉而羞与奸臣欺其主，必不从重臣矣。是当涂者之徒属，非愚而不知患者，必污而不避奸者也。大臣挟愚污之人，上与之欺主，下与之收利侵渔朋党，比周相与，一口[48]惑主，败法以乱士民，使国家危削，主上劳辱，此大罪也。臣有大罪，而主弗禁，此大失也。使其主有大失于上，臣有大罪于下，索[49]国之不亡者，不可得也。

---

①言法术之士，既无党与，孤独而已，故其材用终不见明。②矫奸：谓矫正邪枉。③“谓”上略去“所”字；言循令守法者，非吾所谓重人也。④为：与“谓”古通；“所为”即“所谓”也。⑤智术之士既明且察，今见听用，能烛见重人之阴情。⑥木工以绳墨量材，绳以外无用者，则削除之。喻必见削除也。⑦当涂：即当仕路。言智法之士与当仕路之人，势不两立，若仇雠然。⑧外：谓诸侯；内：谓百官、郎中、学士。⑨讼：与“颂”通。邻国诸侯或来求事，不因当涂者，其求必不见应，故敌国称颂之。⑩功业不闻于上。⑪郎中：君左右之人。既因重人而得近主，故为之掩饰。⑫谈者，谓为重人延誉。⑬重人所仇者，法术之士。⑭弊：当作“蔽”；下“弊主”同。⑮重人得主信爱者多，又用事既久，而为习惯故旧。⑯即：就也；就主心之好恶者而好恶之也。⑰泽：犹言“恩宠”。⑱阿：比曲；辟：偏僻。言欲格君非心。⑲数：理也。⑳新旅：新由他国来者。㉑进见之数以岁计，而犹不得见，极言难见。㉒资：凭借。㉓法术之士有过失可诬罔者，

重人则举以为罪而诛之。 ㉔若无过失可诬者，则使刺客以剑刺之，以穷其命也。 ㉕僇：与“戮”通。 ㉖重人乐其比周，假借功伐以贵之。 ㉗为之延誉于外国，以外国之权重之。 ㉘谓于法术之士，不参验以知其真伪，即行诛罚；重人所进，虽未见功，先与之爵禄。 ㉙蒙：冒也。 ㉚乘：当作“乖”。 ㉛越之无益于己者，权力之所不及也；今抚有其国而权力归之重人，则无益于己者，犹之越也；人主安之，是谓不察其类。 ㉜主，据孙诒让说删。 ㉝齐姜姓；以其为吕尚之后，故称“吕氏”。六卿：韩、赵、魏、中行、智氏也。 ㉞谓不知收取其政柄而自执之。 ㉟谓袭蹈二国之覆辙。 ㊱程：度其短长也。智者之策，决于愚人；贤士之行，度于不肖。 ㊲其修士，依俞樾说删。 ㊳治辩，依俞说增。 ㊴谓精洁、治辩之功，无所用也。 ㊵参：参验；伍：偶会也。 ㊶公：共。 ㊷与相，依顾广圻说改“相与”。 ㊸使：任；豪杰之士以所能自任。 ㊹君臣易位，故主称藩臣于其臣。 ㊺相室：家臣。剖符：言得专授人官，与之剖符。 ㊻谲：欺诳。 ㊼变势：谓悟前过失而变其势也。言当世之重臣，今虽见用，主一旦觉悟，变前势，则督其过罪，如此而得固其旧宠者，十中无二三焉。 ㊽一口：同声附和。 ㊾索：求也。

说　难[1]

凡说之难，非吾知[2]之有以说之之难也，又非吾辩之能明吾意之难也，又非吾敢横失而能尽[3]之难也。凡说之难，在知所说之心，可以吾说当之[4]。所说出于为名高者也，而说之以厚利，则见下节而遇卑贱，必弃远矣[5]。所说出于厚利者也，而说之以名高，则见无心而远事情，必不收矣[6]。所说阴为厚利而显为名高者也，而说之以名高，则阳收其身而实疏之；说之以厚利，则阴用其言，显弃其身矣[7]。此不可不察也。

夫事以密成，语以泄败。未必其身泄之也，而语及所匿之事，如此者身危[8]。彼显有所出事，而乃以成他故[9]，说者不徒知所出而已矣，又知其所以为，如此者身危。规异事而当，知者揣之外而得之，事泄于外，必以为已也[10]，如此者身危。周泽未渥也，而语极知。说行而有功，则德忘；说不行而有败，则见疑，如此者身危[11]。贵人[12]有过端，而说者明言礼义以挑其恶，如此者身危[13]。贵人或得计而欲自以为功，说者与知焉，如此者身危[14]。强以其所不能为，止以其所不能已，如此者身危。故与之论大人，则以为间己矣[15]；与之论细人，则以为卖重[16]。论其所爱，则以为藉资[17]；论其所憎，则以为尝[18]己也；径省其说，则以为不智而拙之[19]；米盐博辩，则以为多而交之[20]。略事陈意，则曰："怯懦而不尽。"[21]虑事广肆，则曰："草野而倨侮。"[22]此说之难，不可不知也。

凡说之务，在知饰所说之所矜，而灭其所耻[23]。彼有私急也，必以公义示而强之[24]。其意有下也，然而不能已，说者因为之饰其美而少其不为也[25]。其心有高也，而实不能及[26]，说者为之举其过而见其恶，而多其不行也[27]。有欲矜以智能，则为之举异事之同类者，多为之地，使之资说于我而佯不知也，以资其智[28]。欲内相存[29]之言，则必以美名明之，而微见其合于私利也[30]；欲陈危害之事，则显其毁诽[31]，而微见其合于私患也。誉异人与同行者，规异事与同计者[32]。有与同污者，则必以大饰其无伤也；有与同败者，则必以明饰其无失也[33]。彼自多其力，则毋以其难概[34]之；自勇其断，则无以其谪怒之[35]；自智其计，则毋以其败穷之。大意无所拂悟，辞言无所系縻[36]，然后极骋智辩焉。此［道］所道［得］[37]亲近不疑，而得尽辞也。

伊尹为宰[38]，百里奚[39]为虏，皆所以干其上也。此二人者，皆圣人也；然犹不能无[40]役身以进，如此其污也。今以吾言为宰虏，而可以听用而振世，此非能仕之所耻也[41]。夫旷日弥久，而周泽既渥[42]，深计而不疑，引争而不罪，则明割利害[43]，以致其功，直指是非，以饰其身[44]。以此相持，此说之成也。

昔者郑武公欲伐胡[45]，故先以其女妻胡君，以娱其意。因问于群臣："吾欲用兵，谁可伐者？"大夫关其思对曰："胡可伐。"武公怒而戮之，曰："胡兄弟之国也，子言伐之，何也？"胡君闻之，以郑为亲己，遂不备郑；郑人袭胡，取之。宋有富人，天雨墙坏，其子曰："不筑，必将有盗。"其邻人之父亦云。暮而果大亡其财[46]；其家甚智其子，而疑邻人之父。此二人[47]说者皆当矣：厚者为戮，薄者见疑；则非知之难也，处之则难也[48]。故绕朝[49]之言当矣，其为圣人于晋而为戮于秦也，此不可不察[50]。

昔者，弥子瑕有宠于卫君[51]。卫国之法，窃驾君车者，罪刖[52]。弥子瑕母病，人闻，有夜告弥子，弥子矫驾君车以出。君闻而贤之，曰："孝哉！为母之故，忘其刖罪。"异日，与君游于果园，食桃而甘，不尽，以其半啖君[53]。君曰："爱我哉！忘其口味，以啖寡人。"及弥子色衰爱弛，得罪于君，君曰："是固尝矫驾吾车，又尝啖我以余桃。"故弥子之行，未变于初也，而以前之所以见贤而后获罪者，爱憎之变也。故有爱于主，则智当而加亲；有憎于主，则智不当见罪而加疏。故谏说谈论之士，不可不察爱憎之主而后说焉。

夫龙之为虫也，柔可狎而骑也；然其喉下有逆鳞径尺，若人有婴[54]之者，则必杀人。人主亦有逆鳞，说者能无婴人主之逆鳞，则几矣[55]。

---

①言游说之道为难，故曰"说难"。　②知：智见。

③能尽所欲言。　④在知所说之人之心，是否可以吾说动之也。　⑤所说之人意在名高，今以厚利说之，彼则谓己志节凡下而以卑贱相待；亦既贱之，必弃遗而疏远矣。　⑥所说之人意在厚利，今以名高说之，则谓己无相时之心而阔远事情；如此则必见弃而不收用矣。　⑦所说之人，内阴为厚利，外阳为名高。今见其外，说以名高，彼虽阳收其身，内实疏远。若察知其内，说以厚利，则私用其言，外明弃其身，以饰其名高也。　⑧虽已慎言，而似若知阴事者，则人主疑是人倘泄阴事者矣，厌恶必甚，故不免于危也。　⑨言人主表面上虽伪为此事，而其目的固别有在。　⑩曾为人主规划他事而当其心；他时彼有异谋，下适有智者，意度而得其情，事泄于外，则人主必从他事之当，疑及己之泄漏。如东郭垂知齐桓公将伐莒，桓公以为管仲之类。　⑪君之于己，周给之泽未厚，而己竭忠尽智以语之，有功则忘共德，败则转以见疑，若袁绍之于田丰是也。　⑫贵人：此指君王。　⑬对于有过端之人，明言礼义，便似有意讥讽，足以挑其恶感。　⑭畏人分功，必生嫉妒。　⑮间：隙，谓将离间大人。　⑯所论系在下位之人，人主将以为窥探己意所予，以出而卖重于群下。⑰谓借君之所爱，以为己资。　⑱尝：试；谓其将窥探含怒之深浅。　⑲太简，则以为词拙而窘于智。　⑳米盐：琐碎事。《史记·天官书》云：“其占验凌杂米盐。”《后汉书·黄霸传》云：“米盐靡密，初若烦碎。”谓屑琐不遗，则又以为多所牵缠。　㉑以为嗫嚅而不尽意。　㉒畅所欲言，又嫌其不知体统。　㉓其所自负，必代为文饰；其所内愧，必曲为

讳匿。　⑭因其私急，援之入于公义，如孟子于齐王好货，好色是也。　⑮私急涉于卑下而不能自已，为之文饰其辞而惜其不为，如孟子说齐宣王曰“王之不王，不为也，非不能也”之类。　⑯心慕高远，累于私急，而不能及。　⑰举过见恶，如陈贾谓“仁智周公未尽”之类，而反以其不行为大美。⑱人主自矜其智能，必多设疑难，使之取决于我，我佯若不知而令人主自言，则智在彼矣，是资之以智也。　⑲内：“纳”之本字。存：犹“并”。私急中有公义，故曰“相存”。
⑳犹言仁义未尝不利。　㉑显举一时毁谤之端。　㉒他人与所说之主同行，说者从而延誉之；异事与所说之主同计，说者从而规划之。　㉓“饰其无伤”也者，如孟子说齐宣王曰“无伤也，是乃仁术也”之类；“饰其无失”也者，如“昔者公刘好货，大王好色……王如好色，与百姓同之，于王何有？”是也。㉔概：平斗斛木，犹言“格”。《管子·枢言篇》云：“釜鼓满，则人概之。”　㉕谪：“敌”之借字。言明知其勇断有敌之者，而必讳言之。　㉖系，一作“击”，縻，一作“摩”。言无所抵触也。　㉗据俞樾说改。道：由也。　㉘伊尹：名挚，商汤的相，据说曾任商汤的宰。《史记》“宰”作“庖”，厨师。㉙百里奚：春秋时虞国的大夫，曾为奴隶，后被秦穆公任用为秦国的大夫。　㉚无：不免也。　㉛振：救也。谓苟吾言得见听用，以救世俗，则虽为宰虏，亦非所耻也。　㉜谓君臣道合，旷日已久，诚著于君，君之渥泽周浃于臣也。
㉝引：交。割：断也。　㉞直指：言无所回避也。饰身：谓以宠荣光饰其身。饰：通“饬”，修治、端正。　㉟郑武公：春

秋初郑国的君主，名掘突。郑，春秋诸侯国，位于今河南中部，黄河以南。胡：春秋诸侯国，位于今河南郾城西南。　㊻此夕盗果至。　㊼二人：谓关其思与邻人之父。　㊽其思、邻父，非不智也；但处用其智不得其宜，故或见疑，或见戮，故曰："处之难也。"　㊾绕朝：人名，春秋时秦国大夫。㊿晋人谲取士会于秦，绕朝赠之以策曰："子无谓秦无人，吾谋适不用也。"事见《左传》文公十三年。言绕朝之言非不当也；晋人虽以为圣，秦竟以言戮之，是亦处置失宜也。　51弥子瑕：春秋时卫灵公宠臣。卫君：卫灵公，名元。　52刖：以刀断足之刑。　53啖（dàn）：吃或给别人吃。　54婴：触。55几：庶也。谓庶几于善谏说。

和　氏

楚人和氏得玉璞楚山中①，奉而献之厉王②。厉王使玉人相之，玉人曰："石也。"王以和为诳，而刖③其左足。及厉王薨，武王④即位。和又奉其璞而献之武王。武王使玉人相之，又曰："石也。"王又以和为诳，而刖其右足。武王薨，文王⑤即位，和乃抱其璞而哭于楚山之下，三日三夜，泣尽而继之以血。王闻之，使人问其故，曰："天下之刖者多矣，子奚哭之悲也？"和曰："吾非悲刖也，悲夫宝玉而题之以石，贞士而名之以诳，此吾所以悲也。"王乃使玉人理⑥其璞而得宝焉，遂命曰"和氏之璧"。

夫珠玉，人主之所急也。和虽献璞而未美，未为王之害也⑦；然犹两足斩而宝乃论，论宝若此其难也！今人主之于法术也，未必和璧之急也，而禁群臣士民之私邪⑧。然则有道者之不僇也，特帝王之璞未献耳⑨。

主用术，则大臣不得擅断，近习不敢卖重；官行法，则浮萌趋于耕农⑩，而游士危于战陈：⑪则法术者，乃群臣士民之所祸也。人主非能倍大臣之议，越民萌之诽，独周乎道言也⑫；则法术之士，虽至死亡，道必不论矣⑬。

昔者吴起，教楚悼王⑭以楚国之俗，曰："大臣太重，封君[15]太众。若此，则上逼主而下虐民，此贫国弱兵之道也。不如使封君之子孙三世而收爵禄[16]，绝灭百吏之禄秩，损不急之枝官[17]，以奉选练之士。”悼王行之期年而薨矣，吴起枝解[18]于楚。商君教秦孝公以连什伍，设告坐之过[19]，燔诗书而明法令，塞私门之请而遂公家之劳[20]；禁游宦之民[21]，而显耕战之士。孝公行之，主以尊安，国以富强；八年而薨，商君车裂于秦[22]。楚不用吴起而削乱，秦行商君法而富强，二子之言也已当矣；然而枝解吴起，而车裂商君者，何也？大臣苦法而细民恶治也。当今之世，大臣贪重，细民安乱，甚于秦、楚之俗，而人主无悼王、孝公之听，则法术之士，安能蒙二子之危也而明己之法术哉？此世所以乱无霸王也。

---

①《荆州记》：“西北三十里，有清溪；溪北即荆山；首曰‘景山’，即卞和抱璞之处。” ②厉王：共王庶子，熊虞也。 ③刖（yuè）：古代酷刑，砍足。 ④武王：楚霄敖之子，名熊通。 ⑤文王：武王子，名熊赀。 ⑥治玉曰“理”。 ⑦所献之宝设令未美，亦无害于王。 ⑧谓人主之于法术，未必如和璧之急，乃更禁其臣人为卞和之忠；苟无卞和之忠，谁肯犯禁而论其法术。 ⑨帝王之璞：谓法术。有道之士所以不见僇者，徒以藏其法术而未献耳。 ⑩萌：与“氓”通。浮萌：游民。 ⑪故游说之士，不敢轻言战陈。 ⑫周：合也。道言：谓法术之言。 ⑬珠玉人主之所急，然两足刖而始论；法术不如和璧之急，故至死亡而不论。 ⑭吴起：战国时卫国人，法家。在楚国实施变法。悼王：声王之子，名

熊疑。前401—前381年在位。　⑮封君：如春申君、高陵君是也。　⑯《喻老篇》谓“楚邦之法，禄臣再世而收地”，则三世而收爵禄，不起于吴起；盖楚法废弛，故吴起云然。⑰枝官：枝冗之官。　⑱枝解：谓截其四肢。　⑲过：责。公孙鞅封于商，号曰“商君”。使什家、伍家相拘连；中有犯罪，不告者，则并坐其什伍，故曰“告坐”。　⑳于公有劳者，不滞其功赏。　㉑不守本业，游散求官者，设法以禁之。㉒商君尝与太子有隙；太子立，公子虔之徒谮之，竟为车裂。

奸劫弑臣

凡奸臣皆欲顺人主之心以取信幸之势者也。是以主有所善，臣从而誉之；主有所憎，臣因而毁之。凡人之大体，取舍同者，则相是也；取舍异者，则相非也。今人臣之所誉者，人主之所是也，此之谓同取；人臣之所毁者，人主之所非也，此之谓同舍。夫取舍合，而相与逆者，未尝闻也，此人臣之所以取信幸之道也。

夫奸臣得乘信幸之势，以毁誉进退群臣者，人主非有术数以御之也，非参验以审之也；必将以曩[①]之合己信今之言，此幸臣之所以得欺主成私者也。故主必蔽于上，而臣必重于下矣，此之谓擅主之臣。国有擅主之臣，则群下不得尽其智力以陈其忠，百官之吏不得奉法以致其功矣。

何以明之？夫安利者就之，危害者去之，此人之情也。今为臣尽力以致功，竭智以陈忠者，其身困而家贫，父子罹其害；为奸利以弊人主，行财货以事贵重之臣者，身尊家富，父子被其泽；人焉能去安利之道，而就危害之处哉？治国若此其过也，而上欲下之无奸，吏之奉法，其不可得，亦明矣。故左右知贞信之不可以得安利也，必曰："我以忠信事上，积功劳而求安，是犹盲而欲知黑白之情，必不几矣[②]。若以道化行正理，不趋富贵[3]，事上而求安，是犹聋而欲审清浊之声也，愈不几矣。二者不可以得安，我安能无相比周，蔽主上，为奸私，以适重人哉？”此必不顾人主之义矣。其百官之吏，亦知方正之不可以得安也，必曰：“我以清廉事上而求安，若无规矩而欲为方圆也，必不几矣。若以守法，不朋党，治官而求安，是犹以足搔顶也，愈不几［也］矣[4]。二者不可以得安，能无废法行私以适重人哉？”此必不顾君上之法矣。故以私为重人者众，而以法事君者少矣。是以主孤于上，而臣成党于下，此田成之所以弑简公者也。

夫有术者之为人臣也，得效度数[5]之言，上明主法，下困奸臣，以尊主安国者也。是以度数之言，得效于前，则赏罚必用于后矣。人主诚明于圣人之术，而不苟于世俗之言，循名实而定是非，因参验而审言辞。是以左右近习之臣，知伪诈之不可以得安也，必曰：“我不去奸私之行，尽力竭智以事主，而乃以相与比周，妄毁誉以求安，是犹负千钧之重，陷于不测之渊，而求生也，必不几矣。”百官之吏，亦知为奸利之不可以得安也，必曰：“我不以清廉方正奉法，乃以贪污之心，枉法以取私利，是犹上高陵之颠，堕峻溪之下而求生，必不几矣。”安危之道，若此其明也，左右安能以虚言惑主，而百官安敢以贪渔[6]下。是以臣得陈其忠而不弊，下得守其职而不怨。此管仲之所以治齐，而商君之所以强秦也。

从是观之，则圣人之治国也，固有使人不得不［爱］为[7]

我之道，而不恃人之以爱为我也[8]。恃人之以爱为我者，危矣；恃吾不可不为者，安矣。夫君臣非有骨肉之亲，正直之道可以得利，则臣尽力以事主；正直之道不可以得安，则臣行私以干[9]上。明主知之，故设利害之道以示天下而已矣。夫是以人主虽不口教百官，不目索奸邪，而国已治矣。

人主者，非目若离娄[10]，乃为明也；非耳若师旷[11]，乃为聪也。目必不任其数，而待目以为明，所见者少矣，非不弊之术[12]也。耳必不因其势，而待耳以为聪，所闻者寡矣，非不欺之道[13]也。明主者，使天下不得不为己视，使天下不得不为己听。故身在深宫之中，而明照四海之内，而天下弗能蔽弗能欺者，何也？暗乱之道废，而聪明之势兴也。故善任势者，国安；不知因其势者，国危。

古秦之俗，君臣废法而服私，是以国乱兵弱而主卑。商君说秦孝公以变法易俗，而明公道，赏告奸[14]，困末作而利本事[15]。当此之时，秦民习故俗之有罪可以得免，无功可以得尊显也，故轻犯新法。于是，犯之者，其诛重而必；告之者，其赏厚而信。故奸莫不得，而被刑者众，民疾怨而众过日闻。孝公不听[16]，遂行商君之法。民后知有罪之必诛，而［私］告[17]奸者众也，故民莫犯，其刑无所加。是以，国治而兵强，地广而主尊。此其所以然者，匿罪之罚重，而告奸之赏厚也。此亦使天下必为己视听之道也。至治之法术已明矣，而世之学者弗知也。

且夫世之愚学，皆不知治乱之情[18]，谰𧩙[19]多诵先古之书，以乱当世之治；智虑不足以避阱井之陷，又妄非有术之士。听其言者危，用其计者乱。此亦愚之至大，而患之至甚者也。俱与有术之士有谈说之名，而实相去千万也。此夫名同而实有异者也。夫世愚学之人，比有术之士也，犹蚁垤之比大陵也，其相去远矣。而圣人者，审于是非之实，察于治乱之情也。故其治国也，正明法，陈严刑；将以救群生之乱，去天下之祸；使强不陵弱，众不暴寡；耆老得遂，幼孤得长；边境不侵；君臣相亲，父子相保，而无死亡系虏之患，此亦功之至厚者也。愚人不知，顾以为暴。

愚者固欲治，而恶其所以治；皆恶危，而喜其所以危者。何以知之？夫严刑重罚者，民之所恶也，而国之所以治也；哀怜百姓，轻刑罚者，民之所喜，而国之所以危也。圣人为法国者，必逆于世而顺于道德。知之者，同于义[20]而异于俗；弗知之者，异于义而同于俗[21]。天下知之者少，则义非而俗胜矣[22]。处非道之位[23]，被众口之谮，溺于当世之言，而欲当严天子而求安，几不亦难哉[24]？此夫智士所以至死而不显于世者也。

楚庄王之弟春申君[25]有爱妾，曰余；春申君之正妻子，曰甲[26]。余欲君之弃其妻也，因自伤其身，以视[27]君而泣。曰：“得为君之妾，甚幸。虽然，适[28]夫人非所以事君也；适君，非所以事夫人也。身故[29]不肖，力不足以适二主。其势不俱适，与其死夫人所者，不若赐死君前。妾以赐死，若复幸于左右，愿君必察之，无为人笑。”君因信妾余之诈，为弃正妻。余又欲杀甲，而以其子为后。因自裂其亲身衣[30]之里以示君，而泣曰："余之得幸君之日久矣，甲非弗知也，今乃欲强戏余；余与争之，至裂余之衣；而此子之不孝，莫大于此矣！"君怒而杀甲也。故妻以妾余之诈弃，而子以之[31]死。从是观之，父之爱子也，犹可以毁而害也。君臣之相与也，非有父子之亲也；而群臣之毁言，非特一妾之口也，何怪夫贤圣之戮死哉！此商君之所以车裂于秦，而吴起之所以枝解于楚者也[32]。凡人臣者，有罪固不欲诛，无功者皆欲尊显；而圣人之治国也，赏不加于无功，而诛必行于有罪者也。然则有术数者之为人也，固左右奸臣之所害，非明主弗能听也。

世之学术者说人主，不曰"乘威严之势，以困奸邪之臣"，而皆曰"仁义惠爱而已矣"。世主美仁义之名，而不察其实，是以大者国亡身死，小者地削主卑。何以明之？夫施与贫困者，此世之所谓"仁义"；哀怜百姓不忍诛罚者，此世之所谓惠爱也。夫有施与贫困，则无功者得赏；不忍诛罚，则暴乱者不止。国有无功得赏者，则民［不外］外不[33]务当敌斩首，内不急力田疾作，皆欲行货财、事富贵、为私善、立名誉，以取尊官厚俸；故奸私之臣愈众，而暴乱之徒愈胜，不亡何待？

夫严刑者，民之所畏也；重罚者，民之所恶也。故圣人陈其所畏以禁其邪，设其所恶以防其奸，是以国安而暴乱不起。吾以是，明仁义爱惠之不足用，而严刑重罚之可以治国也。

无捶策之威，衔橛之备，虽造父不能以服马[34]；无规矩之法，绳墨之端，虽王尔不能以成方圆[35]；无威严之势，赏罚之法，虽尧、舜不能以为治。今世主皆轻释重罚严诛，行爱惠，而欲霸王之功，亦不可几也。故善为主者，明赏设利以劝之，使民以功赏，而不以仁义赐；严刑重罚以禁之，使民以罪诛，而不以爱惠免。是以无功者不望，而有罪者不幸矣。

托于犀[36]车良马之上，则可以陆犯阪阻之患；乘舟之安，持楫之利，则可以水绝江河之难；操法术之数，行重罚严诛，则可以致霸王之功。治国之有法术赏罚，犹若陆行之有犀车良马也，水行之有轻舟便楫也，乘之者遂得其成。伊尹得之，汤以王；管仲得之，齐以霸；商君得之，秦以强。此三人者，皆明于霸王之术，察于治强之数，而不以牵于世俗之言；适当世明主之意，则有直任布衣之士，立为卿相之处[37]；处位治国，则有尊主广地之实：此之谓足贵之臣。

汤得伊尹，以百里之地立为天子；桓公得管仲，立为五霸主，九合诸侯，一匡天下；孝公得商君，地以广，兵以强。故有忠臣者，外无敌国之患，内无乱臣之忧，长安于天下，而名垂后世，所谓忠臣也。若夫豫让为智伯臣也，上不能说人主，使之明法术、度数之理，以避祸难之患；下不能领御其众，以安其国。及襄子之杀智伯也，豫让乃自［黔］黥[38]劓，败其形容，以为智伯报襄子之仇。是虽有残刑杀身，以为人主之名，而实无益于智伯若秋毫之末[39]。此吾之所下也，而世主以为忠而高之。古有伯夷叔齐者，武王让以天下而弗受，二人饿死首阳之陵[40]。若此臣，不畏重诛，不利重赏，不可以罚禁也，不可以赏使也。此之谓无益之臣也，吾所少而去也，而世主之所多而求也。

谚曰："厉怜王。"[41]此不恭之言也。虽然，古无虚谚，不可不察也。此谓[42]劫杀死亡之主言也。人主无法术以御其臣，虽长年而美材，大臣犹将得势，擅事主断[43]，而各为其私急。而恐父兄豪杰之士，借人主之力以禁诛于己也，故弑贤长而立幼弱，废正適[44]而立不义。故《春秋》记之曰："楚王子围将聘于郑，未出境，闻王病而反；因入问病，以其冠缨绞王而杀之，遂自立也。""齐崔杼其妻美，而庄公通之，数如崔氏之室。及公往，崔子之徒贾举，率崔子之徒而攻公。公入室，请与之分国，崔子不许；公请自刃于庙，崔子又不听。公乃走，逾于北墙；贾举射公，中其股；公坠，崔子之徒，以戈斫公而死之，而立其弟景公。"近之所见：李兑之用赵也，饿主父[45]百日而死；淖齿之用齐也，擢湣王之筋，悬之庙梁，宿昔而死[46]。故厉虽痈肿疕疡[47]，上比于春秋，未至于绞颈、射股也；下比于近世，未至饿死、擢筋也。故劫杀死亡之君，此其心之忧惧，形之苦痛也，必甚于厉矣。由此观之，虽"厉怜王"可也。

---

①曩（nǎng）：过去，从前。　②情：实也。几：幸也；不几：谓侥幸其或然而不得。　③不趋富贵之家也。　④也，依王先慎说改"矣"。　⑤度数：制度、礼数。　⑥侵取无

择，曰“渔”。　⑦爱，依俞樾说改“为”。　⑧为：助也。《显学篇》“夫圣人之治国，不恃人之为我善也，而用其不得为非也”，文义与此同。　⑨干：要也。　⑩离娄：相传黄帝时人，目力极强。　⑪师旷：晋乐师，知音者。　⑫不弊之术：不为奸臣所掩蔽之道。　⑬不欺之道：不为人臣所欺之道。　⑭《史记·卫鞅传》：“告奸者，与斩敌首同赏。”⑮末作：商贾、游食、文绣无用之作；本事：农民耕织，工功实用之事也。《卫鞅传》：“事末利及怠而贫者，举以为收孥；大小僇力本业，耕织致粟帛多者，复其身。”　⑯不听疾怨之言。⑰私，依王先慎说改“告”。　⑱情：实也。　⑲谖诀（niè jiá）：多言细语貌。　⑳义：时事之宜也。　㉑不知时宜，故安于故俗。　㉒时事失宜，而习俗之弊胜矣。　㉓非其道而处之，故曰“非道之位”。　㉔后“当”字疑衍。几：与“岂”通。言今人主溺于当世学者之言，而欲复袭齐桓、晋文之事，岂不难哉。　㉕此春申君别自一人，非黄歇也。㉖甲，当为“某甲某乙”之“甲”；非名也，失其名而假之以名也。　㉗视：当作“示”，以身受伤之处示君也。　㉘适：犹“合”也；适夫人：合于夫人之意。　㉙故：与“固”通。㉚亲身衣：衬衣。　㉛之：指前事，犹“是”也。　㉜车裂、枝解：俱轘刑，以车裂肢体而杀之。　㉝不外，据顾广圻说改“外不”。　㉞捶策：马鞭；衔：马口所含物；橛：车之木心。造父：周穆王臣，善御者。　㉟规：所以为圆；矩：所以为方；绳墨：所以为曲直端正也。王尔：古之巧匠。㊱犀：坚也。　㊲处：当为“名”字之误，言如此三人，遇合其君之意，则其君有举贤为佐之名。　㊳黔，据顾广圻说改“黥”。　㊴言无秋毫之末益于智伯者。古文语倒置，如《管子》曰“子邪？言伐莒者”，即此类。　㊵伯夷、叔齐：孤竹君之二子也。周武王让天下事，传记所未见，盖战国辩士之言耳。首阳：山名。首阳山，位于今山西运城。　㊶厉：音义皆与“癞”同。癞疾之人，哀怜王之不如己也。《战国策》以此作荀子为书谢春申君；《韩诗外传》同。　㊷谓：通“为”。㊸事：政事也。主断：谓专决。　㊹適：与“嫡”通；正：嫡长也。　㊺主父：赵肃侯子武灵王，名雍。　㊻湣王：宣王子，名遂。宿昔：一夜也。　㊼痈肿：脓疮；疕（bǐ）：头疮，亦谓秃也。

亡 征

凡人主之国小而家大[①]，权轻而臣重者，可亡也。简法禁而务谋虑，荒封内而恃交援者[②]，可亡也。群臣为学，门子好辩[③]，商贾外积[④]，小民内困者，可亡也。好宫室台榭陂池，事车服器玩，好罢露百姓，煎靡货财者[⑤]，可亡也。用时日[⑥]，事鬼神，信卜筮而好祭祀者，可亡也。听以爵不以众言参验[⑦]，用一人为门户者[⑧]，可亡也。官职可以重求[⑨]，爵禄可以货得者，可亡也。缓心而无成[⑩]，柔茹而寡断[⑪]，好恶无决，而无所定立者，可亡也。饕贪而无餍[⑫]，近利而好得者，可亡也。喜淫刑而不周于法[⑬]，好辩说而不求其用，滥于文丽而不顾其功者，可亡也。浅薄而易见[⑭]，漏泄而无藏，不能周密，而通[⑮]群臣之语者，可亡也。很刚而不和，愎谏而好胜，不顾社稷，而轻为自信者，可亡也。恃交援而简近邻，怙强大之救，而侮所迫之国者[⑯]，可亡也。羁旅侨士，重帑在外，上间[⑰]谋计，下与民事者，可亡也。民信其相，下不能其上[⑱]，主爱信之而弗能废者，可亡也。境内之杰不事[⑲]，而求封外之士，不以功伐课试，而好以名问举错，羁旅起贵，以陵故常[⑳]者，可亡也。轻其適正，庶子称衡[㉑]，太子未定而主即世[㉒]者，可亡也。大心而无悔，国乱而自多[㉓]，不料境内之资，而易其邻敌者[24]，可亡也。国小而不处卑，力少而不畏强，无礼而侮大邻，贪愎而拙交者，可亡也。太子已置，而娶于强敌以为后妻，则太子危；如是则群臣易虑[25]者，可亡也。怯慑而弱守，蚤见而心柔懦[26]，知有谓可断而弗敢行者[27]，可亡也。出君在外，而国更置[28]；质太子未反，而君易子，如是则国携[29]，国携者可亡也。挫辱大臣而狎其身，刑戮小民而逆其使[30]，怀怒思耻而专习[31]，则贼生，贼生者，可亡也。大臣两重，父兄众强，内党外援[32]，以争事势者，可亡也。婢妾之言听，爱玩之智用，外内悲惋，而数行不法者，可亡也。简侮大臣，无礼父兄，劳苦百姓，杀戮不辜者，可亡也。好以智矫法，时以行杂公[33]，法禁变易，号令数下者，可亡也。无地固[34]，城郭恶，无畜积，财物寡，无守战之备而轻攻伐者，可亡也。种类不寿，主数即世，婴儿为君，大臣专制，树羁旅以为党，数割地以待交者[35]，可亡也。太子尊显，徒属众强，多大国之交，而威势蚤具者，可亡也。变褊而心急，轻疾而易动发，心悁忿而不訾[36]前后者，可亡也。主多怒而好用兵，简本教[37]而轻战攻者，可亡也。贵臣相妒，大臣隆盛，外藉敌国，内困百姓，以攻怨雠，而人主弗诛者，可亡也。君不肖而侧室贤[38]，太子轻而庶子伉[39]，官吏弱而人民桀，如此则国躁；国躁者，可亡也。藏怒而弗发，悬罪而弗诛，使群臣阴憎而愈忧惧，而久未可知者，可亡也。出军命将太重，边地任守太尊，专制擅命，径为而无所请者[40]，可亡也。后妻淫乱，主母畜秽，外内混通，男女无别，是谓“两主”，两主者，可亡也。后妻贱而婢妾贵， 太子卑而庶子尊，相室轻而典谒重㊶，如此则内外乖，内外乖者，可亡也。大臣甚贵，偏党众强，壅塞主断而重擅国者，可亡也。私门之官用，马府之世绌㊷，乡曲 之善举官职之劳废，贵私行而贱公功者，可亡也。公家虚而大臣实，正户㊸贫而寄寓富，耕战之士困，末作之民利者，可亡也。见大利而不趋，闻祸端而不备，浅薄于争守之事，而务以仁义自饰者，可亡也。不为人主之孝，而慕匹夫之孝㊹，不顾社稷之利，而听主母㊺之令，女子用国，刑余㊻用事者，可亡也。辞辩而不法，心智而无术，主多能而不以法度从事者，可亡也。亲臣进而故人退，不肖用事而贤良伏，无功贵而劳苦贱，如是则下怨，下怨者，可亡也。父兄大臣，禄秩过功，章服侵等，宫室供养大侈，而人主弗禁，则臣心无穷㊼，臣心无穷者，可亡也。公婿公孙，与民同门㊽，暴傲其邻者，可亡也。

亡征者，非曰必亡，言其可亡也。夫两尧不能相王，两桀不能相亡：亡、王之机，必其治乱，其强弱相踦者也。㊾木之折也，必通蠹；墙之坏也，必通隙。然木虽蠹，无疾风不折；墙虽隙，无大雨不坏。万乘之主，有能服术行法，以为亡征之君风雨者，其兼天下不难矣。

---

①国：言君国；家：言大夫家。　　②简易法禁，则奸不止；务谋虑，则作伪侥幸。荒封内，则不富；恃交援，则无备。

封内：封疆之内；交援：交与援救之国。　③门子：大夫嫡子。学、辩之失，在虚论高议而非时俗。　④外：犹“私”也；外积：谓私藏货财以避征税。　⑤“煎”沸，“靡”损，谓滥用。　⑥用占候时日者。　⑦谓听否视爵之尊卑，而不参验众言得失。　⑧令一人处要地也。门户：谓出言纳言，不得不由是人。　⑨可以重求：谓可因重臣求得。　⑩惰而无立志。　⑪茹：古通“轜”，谓柔懦而不能独断。⑫贪甚曰“饕”；无餍：不知足也。　⑬刑滥曰“淫”；周：切合。　⑭好恶之情易见。　⑮通：犹“漏”。　⑯怙：亦“恃”也。迫：近也。　⑰间：犹“与”。　⑱大臣行私德，民信爱之，而不知戴其君上。　⑲不事：谓不服职事。⑳故常：故旧习常之臣。　㉑適：通“嫡”，嫡庶轻重相钧衡也。　㉒死，书于世本，曰“即世”。　㉓自多其智能。㉔谓不自量其力，而轻视其邻敌也。　㉕或党于太子，或党于后妻之子，易生疑虑也。　㉖虽早见祸端，而心柔懦不能禁。　㉗既能断其可行，而竟弗敢行也。　㉘更置：谓别立君也。　㉙携：二心也。　㉚逆：犹“虚”也，谓刑其身而又虚使之也。　㉛专：专任；习：亵近也。　㉜内结党与，外借交援。　㉝以私杂公：谓借公济私。　㉞无地固：一作“地无固”，谓地无险固难守。　㉟待：当作“恃”；割地以交结大国而恃为外援也。　㊱訾：量也。　㊲本：农事；教：练兵。不务农则贫；不练兵则弱。　㊳侧室：君之父兄行也。　㊴伉：敌也。与太子伉礼。　㊵专意为之，而不请命于君也。　㊶相室：卿也。典谒：主宾客告请之事者。　⑫马府：即幕府，为将帅立功者。世：世族，谓子孙。“绌”与“黜”同。私门之官用，则大臣富；幕府之族黜，则公卒弱。　⑬正户：谓有正籍而不移徙之民。　⑭《孝经》云：“富贵不离其身，然后能保其社稷，而和其民人，盖诸侯之孝也……谨身节用，以养父母，此庶人之孝也。”　⑮主母：即君母。《史记·赵世家》云：“武灵王传国惠文王，自号‘主父’。”盖当时有此称也。　⑯刑余：奄宦。　⑰贪欲无厌。⑱同门：谓与为嫁娶也。　⑲治乱，数也；强弱，形也。彼此形数相若，则不能相王相亡矣；相王相亡之机，必在形数之相异。踦：偏昂偏低，不相衡也。

守 道

圣王之立法也，其赏足以劝善，其威足以胜暴，其备足以必完法。治世之臣，功多者位尊，力极者赏厚，情尽者名立。善之生如春，恶之死[①]如秋，故民劝极力而乐尽情，此之谓上下相得。上下相得，故能使用力者自极于权衡，而务至于任鄙[②]；战士出死，而愿为贲、育[③]；守道者皆怀金石之心，以死子胥之节。用力者为任鄙，战如贲、育，中为金石[④]，则君人者高枕而守已完矣。

古之善守者，以其所重，禁其所轻；以其所难，止其所易[⑤]，故君子与小人俱正，盗跖与曾、史[⑥]俱廉。何以知之？夫贪盗不赴溪而掇[⑦]金；赴溪而掇金，则身不全。贲、育不量敌，则无勇名；盗跖不计可，则利不成。

明主之守禁也，贲、育见侵[⑧]于其所不能胜，盗跖见害于其所不能取[⑨]。故能禁贲、育之所不能犯，守盗跖之所不能取，则暴者守愿，邪者反正。大勇愿，巨盗贞，则天下公平，而齐民之情正矣[⑩]。人主离法失人，则危于伯夷不妄取，而不免于田成、盗跖之祸[⑪]。何也？今天下无一伯夷，而奸人不绝世，故立法度量。度量信，则伯夷不失是，而盗跖不得非；法分明，则贤不得夺不肖，强不得侵弱，众不得暴寡。

托天下于尧之法，则贞士不失分，奸人不侥幸；寄千金于羿之矢[12]，则伯夷不得亡，而盗跖不敢取。尧明于不失奸，故天下无邪；羿巧于不失发，故千金不亡。邪人不寿，而盗跖止。如此，故图不载宰予不举六卿，书不著子胥不明夫差[13]。孙、吴之略废[14]，盗跖之心伏[15]。人主甘服[16]于玉堂之中，而无瞋目切齿倾取之患；人臣垂拱于金城之内，而无扼腕、聚唇嗟唶之祸[17]。

服虎而不以柙，禁奸而不以法，塞伪而不以符，此贲、育之所患，尧、舜之所难也。故设柙非所以备鼠也，所以使怯弱能服虎也；立法非所以避曾、史也，所以使庸主能止盗跖也；为符非所以豫尾生[18]也，所以使众人不相谩也。不恃比干之死节，不幸[19]乱臣之无诈也；恃怯之所能服，握庸主之所易守。当今之世，为人主忠计，为天下结德者，利莫长于此。故君人者无亡国之图，而忠臣无失身之画。明于尊位必赏[20]，故能使人尽力于权衡，死节于官职。通贲、育之情，不以死易生；惑于盗跖之贪，不以财易身[21]，则守国之道毕备矣。

---

①死：消灭也。　②任鄙：秦武王力士，言务尽力也。　③贲：孟贲；育：夏育。皆战国卫勇士。　④此指上“守道者皆怀金石之心”而言。　⑤重罚者，人之所畏而难侵也；小不善者，人之所轻而易止也。故立重罚而示之，使人止不善于所易止之地，而无罹于所畏恶之刑。　⑥曾：曾参，孔子

弟子；史：史鱼，卫大夫。　⑦掇：拾取。　⑧侵：夺。⑨法立则群力退听。　⑩愿：谨。贞：正也。齐民：凡民。⑪危：高也。此言人主虽有伯夷不妄取之高；离法失人，不能禁止臣下，终有田常、盗跖之祸。　⑫羿之矢发无不中，喻峻法之不可苟免。　⑬倒装句。犹言“六卿不举宰予，夫差不明子胥”。　⑭法立，则无所用其谋划。　⑮法立，则慑伏。　⑯甘：缓也；甘服：谓宽缓衣服，不烦甲胄也。⑰扼腕、聚唇：皆嗟痛状。　⑱豫：虑也。尾生：战国时信士，与女子期于梁下，女子不来，水至不去，抱柱而死。以信称于世。　⑲幸：冀。　⑳必赏：必任法也。　㉑二句言法立，则烈士不必苟名，贪夫不必苟财。

大　体[1]

古之全大体者，望天地，观江海，因山谷，日月所照，四时所行，云布风动[2]。不以智累心，不以私累己[3]。寄治乱于法术，托是非于赏罚，属轻重于权衡。不逆天理，不伤情性；不吹毛而求小疵，不洗垢而察难知；不引绳之外，不推绳之内[4]；不急法之外，不缓法之内；守成理，因自然[5]。祸福生乎道法，而不出乎爱恶[6]；荣辱之责，在乎己，而不在乎人。故至安之世，法如朝露，纯朴不散；心无结怨，口无烦言[7]。故车马不疲弊于远路；旌旗不乱于大泽；万民不失命于寇戎；雄骏不创寿于旗幢[8]；豪杰不著名于图书，不录功于盘盂[9]；记年之牒空虚[10]。故曰："利莫长于简，福莫久于安。"

使匠石[11]以千岁之寿，操钩[12]、视规矩，举绳墨，而正太山；使贲、育带干将[13]而齐万民：虽尽力于巧，极盛于寿，太山不正，民不能齐。故曰："古之牧天下者，不使匠石极巧以败太山之体，不使贲、育尽威以伤万民之性。"因道全法，君子乐而大奸止。澹然闲静，因天命，持大体，故使人无离法之罪，鱼无失水之祸。如此，故天下少不可。

上不天，则下不遍覆；心不地，则物不毕载[14]。太山不立好恶[15]，故能成其高；江海不择小助，故能成其富[16]。故大人寄形于天地而万物备[17]，历心于山海而国家富[18]。上无忿怒之毒，下无伏怨之患，上下交顺，以道为舍。故长利积，大功立，名成于前，德垂于后：治之至也。

---

①大体：谓所以治天下之大体。 ②如天地之无不持载，无不覆帱，如江海之广大，如山谷之高深，如日月之代明，如四时之错行；德泽云布，四方风动。 ③谓清静也；小智、私刑，皆身心之累。 ④随绳而断也。 ⑤成：犹定；因：循也。 ⑥言刑赏皆循道理法度，而不系于为治者之爱憎。 ⑦烦言：忿争。 ⑧创：戕也；创寿：戕其寿命。幢：麾。《吴子》云："教战之令，强者持旌旗。"《尉缭子》："兵教十二：曰'力卒'，谓经旗全曲。"《六韬》练士云："有拔钜伸钩，强梁多力，溃破金鼓，绝灭旌旗者，聚为一卒名曰：勇力之士。"我有此力卒，敌亦有搴旗之勇士，故雄骏之士相戕寿命于旗幢也。 ⑨古者有功，刻诸盘盂。 ⑩"纪年之牒"者，晋之《乘》、楚之《梼杌》、鲁之《春秋》之类。 ⑪匠石：匠人名石。《庄子》："匠石运斤成风。" ⑫钩：所以为曲者。 ⑬干将：古利剑名。 ⑭天，谓无私，如天覆而无外也。地，谓受垢而不辞卑也。 ⑮不立好恶：言土壤与宝玉皆藏。 ⑯小助：谓细流也。富：谓蛟龙、鱼鳖生焉，货财殖焉。 ⑰《孟子》曰："从其大体为大人。"寄形：谓体之也。备：成也。 ⑱历：《群书治要》作"措"；历心于山海：谓立心如泰山之不让土壤，江海之不择细流也。

难　势

慎子[1]曰："飞龙乘云，腾蛇[2]游雾；云罢、雾霁，而龙蛇与螾[3]蚁同矣，则失其所乘也。贤人而诎于不肖者，则权轻位卑也；不肖而能服于贤者，则权重位尊也。尧为匹夫，不能治三人；而桀为天子，能乱天下。吾以此知势位之足恃，而贤智之不足慕也。夫弩弱而矢高者，激于风也；身不肖而令行者，得助于众也。尧教于隶属而民不听；至于南面而王天下，令则行，禁则止。由此观之，贤智未足以服众，而势位足以诎贤者也。"

应慎子[4]曰："飞龙乘云，腾蛇游雾，吾不以龙蛇为不托于云雾之势也；虽然，夫释贤而专任势，足以为治乎？则吾未得见也。夫有云雾之势，而能乘游之者，龙蛇之材美也。今云盛而螾弗能乘也，雾醲蚁不能游也。夫有盛云醲雾之势，而不能乘游者，螾蚁之材薄也。今桀、纣南面而王天下，以天子之威为之云雾，而天下不免乎大乱者，桀、纣之材薄也。且其人以尧之势以治天下也，其势何以异桀之势也乱天下者也。夫势者，非能必使贤者用己，而不肖者不用己也[5]。贤者用之，则天下治；不肖者用之，则天下乱。人之情性，贤者寡而不肖者众，而以威势之利，济乱世之不肖人，则是以势乱天下者多矣。以势治天下者寡矣。

“夫势者，便治而利乱者也。故《周书》曰：‘毋为虎傅翼，将飞入邑，择人而食之。’夫乘不肖人于势，是为虎傅翼也。桀、纣为高台深池以尽民力，为炮烙以伤民性。桀纣得乘肆行者，南面之威为之翼也。使桀、纣为匹夫，未始行一，而身在刑戮矣[6]。

“势者，养虎狼之心，而成暴乱之事者也[7]。此天下之大患也。势之于治乱，本末有位也[8]；而语专言势之足以治天下者，则其智之所至者浅矣。夫良马固车，使臧获御之，则为人笑；王良御之，而日取千里[9]。车马非异也，或至乎千里，或为人笑，则巧拙相去远矣。今以国位为车，以势为马，以号令为辔，以刑罚为鞭策，使尧、舜御之，则天下治；桀、纣御之，则天下乱：则贤不肖相去远矣。夫欲追速致远，不知任王良；欲进利除害，不知任贤能，此则不知类之患也。夫尧、舜亦治民之王良也。”

复应之曰：“其人以势，为足恃以治官；客[10]曰‘必待贤乃治’，则不然矣。夫势者，名一而变无数者也[11]。势必于自然，则无为言于势矣；吾所为言势者，言人之所设也[12]。今曰尧、舜得势而治，桀、纣得势而乱，吾非以尧、舜为不然也；虽然，非一人之所得设也。夫尧、舜生而在上位，虽有十桀、纣不能乱者，则势治也；桀、纣亦生而在上位，虽有十尧、舜而亦不能治者，则势乱也。故曰：势治者则不可乱，而势乱者则不可治也。此自然之势也，非人之所得设也。若吾所言，谓人之所得［势］设[13]也而已矣，贤何事[14]焉。何以明其然也？客[15]曰："人有鬻矛与盾者，誉其盾之坚，物莫能陷也；俄而又誉其矛曰：'吾矛之利，物无不陷也。'人应之曰：'以子之矛，陷子之盾，何如？'其人弗能应也。以为不可陷之盾，与无不陷之矛，为名不可两立也。夫贤之为势不可禁，而势之为道也无不禁；以不可禁之势[16]，与无不禁之道[17]，此矛盾之说也。夫贤势之不相容，亦明矣。"

"且夫尧、舜、桀、纣千世而一出，是比肩随踵而生也。世之治者不绝于中[18]，吾所以为言势者，中也。中者，上不及尧舜，而下亦不为桀纣，抱法处势则治，背法去势则乱。今废势背法而待尧、舜，尧、舜至乃治，是千世乱而一治也；抱法处势而待桀、纣，桀、纣至乃乱，是千世治而一乱也[19]。且夫治千而乱一，与治一而乱千也，是犹乘骥、駬而分驰也，相去亦远矣[20]。

"夫弃隐栝[21]之法，去度量之数，使奚仲[22]为车，不能成一轮；无庆赏之劝，刑罚之威，释势委法，尧舜户说而人辩之，不能治三家。夫势之足用亦明矣，而曰：'必待贤！'则亦不然矣。且夫百日不食，以待粱肉，饿者不活；今待尧、舜之贤，乃治当世之民，是犹待粱肉而救饿之说也。夫曰：'良马固车，臧获御之，则为人笑；王良御之，则日取乎千里。'吾不以为然。夫待越人之善游者，以救中国之溺人，越人善游矣，而溺者不济矣。夫待古之王良以驭今之马，亦犹越人救溺之说也，不可亦明矣。夫良马固车，五十里而一置，使中手御之，追速致远，可以及也，而千里可日致也[23]，何必待古之王良乎[24]？且御非使王良也，则必使臧获败之；治非使尧、舜也，则必使桀、纣乱之：此味非饴蜜也，必苦菜、亭历也[25]。此则积辩累辞，离理失术，两末之议也，奚可以难夫道理之言乎哉[26]？客议未及此论也。”

---

①慎子：名到，赵人，学黄、老道德之术，著书四十二篇。②《尔雅》“腾蛇”注：“龙类也。”《山海经》“柴桑之山多飞蛇”。注：“即螣蛇，乘雾而飞者。” ③螾：同“蚓”。④或难慎子也。 ⑤两“己”字，当作“人己”之“己”，即谓以势而言，势者人人得而用之，不能使贤者用我而不肖者不用我也。 ⑥言匹夫未一行桀、纣之暴乱，而刑戮已随之也。⑦谓桀、纣得有天下之势以为之傅翼，所以暴乱之事成也。⑧位：作“定”解。言势可为治，亦可为乱，本无一定。⑨臧获：奴婢。王良：赵简子御者。 ⑩客：难慎子之客也。⑪势者，其名为一，而为变不可胜数；譬犹色不过五，而五色之变，不可胜数也。 ⑫言势大别为二：一自然之势；一人设之势。自然之势一成不变，无俟于论；今之所言，专指人设之势。人所设之势者，言礼法也。贾谊《治安策》：“夫立君臣，等上下，使父子有礼，六亲有纪，此非天之所为，人之所设也。夫人之所设，不为不立，不值则僵，不修则坏。” ⑬势，依俞樾说改“设”。 ⑭言得势，则不待贤人而治。 ⑮此“客”，韩子假设之客，非难慎子之客。 ⑯贤也。 ⑰势也。 ⑱中：谓中材之人。 ⑲此言治术之用势，急于任

贤。　⑳骥弭并千里马，乘而分驰，违背必速。　㉑隐栝：正邪曲之器。揉曲曰“隐”，正方曰“栝”，盖犹言规矩也。　㉒奚仲：夏禹车服大夫。　㉓可以计日而致。　㉔此言中人用势，则其功不弱于贤。　㉕亭历：草，味苦。言味之甘者，如饴糖、蜂蜜；非此二者，尚中常之味。如上所言，舍饴蜜之外，便是苦菜、亭历，其必不可信，明矣。　㉖谓客意以为天下之治，非至圣则至暴，此犹言味非至甘则至苦也，而不知尚有中常之味。如此说，则叠积其辩，重累其辞，离道理，失法术，而两趋极端之议也，何可以难慎子合于道理之议乎？

问 辩

或问曰："辩安生乎？"对曰："生于上之不明也。"问者曰："上之不明，因生辩也，何哉？"对曰："明主之国，令者，言最贵者也；法者，事最适者也。言无二贵，法不两适[①]，故言行而不轨于法令者，必禁。若其无法令而可以接诈、应变，生利、揣[②]事者，上必采其言而责其实。言当则有大利，不当则有重罪。是以，愚者畏罪而不敢言，智者无以讼：此所以无辩之故也。乱世则不然。主有令，而民以文学[③]非之；官府有法，而民以私行矫之。人主顾渐[④]其法令，而尊学者之智行，此世之所以多文学也。

"夫言行者，以功用为之的彀者也。夫砥砺杀矢[⑤]，而以妄发，其端未尝不中秋毫也；然而不可谓善射者，无常仪的也[⑥]。设五寸之的，引十步之远，非羿、逢蒙[⑦]不能必中者，有常仪的也。故有常，则羿、逢蒙以五寸的为巧；无常，则以妄发之中秋毫为拙。今听言观行，不以功用为之的彀，言虽至察，行虽至坚，则妄发之说也。是以乱世之听言也，以难知为察，以博文为辩；其观行也，以离群为贤，以犯上为抗。人主者，说辩、察之言，尊贤、抗之行，故夫作法术之人，立取舍之行，别辞争之论。而莫为之正。是以，儒服、带剑者众，而耕战之士寡；坚白、无厚之词章[8]，而宪令之法息。故曰：'上不明，则辩生焉。'"

---

①"无二贵"者，莫贵于君令也；"不两适"者，适于公而不适于私也。　②揣：量也。　③文学：文治教化，文化学术。　④渐：没也，音"尖"。　⑤砥砺：磨而利之。杀矢：用诸田猎之矢。　⑥仪的：设定的目标。的：箭靶。　⑦羿：古之善射者。逢蒙：学于羿者。　⑧坚白：公孙龙之说。谓石头的"坚"与"白"可以离开石头而独立。无厚：邓析之说。谓平面只有面积而无体积，所以面积对于体积来说是无厚，却可以大至千里。俱为名家无用之诡辩。

定　法

问者曰："申不害、公孙鞅，此二家之言，孰急于国？"应之曰："是不可程也[1]。人不食十日则死；大寒之隆[2]，不衣亦死。谓之衣食孰急于人？则是不可一无也，皆养生之具也。今申不害言术，而公孙鞅为法。术者，因任而授官，循名而责实，操杀生之柄，课[3]群臣之能者也：此人主之所执也。法者，宪令著于官府，刑罚必于民心，赏存乎慎法，而罚加乎奸令[4]者也：此臣之所师也。君无术，则弊[5]于上；臣无法，则乱于下，此不可一无，皆帝王之具也。"

问者曰："徒[6]术而无法，徒法而无术，其不可何哉？"对曰："申不害，韩昭侯之佐也。韩者，晋之别国[7]也。晋之故法未息，而韩之新法又生；先君之令未收，而后君之令又下。申不害不擅其法，不一其宪令，则奸多。故利在故法前令，则道[8]之；利在新法后令，则道之。利在故新相反，前后相悖，则申不害虽十使昭侯用术，而奸臣犹有所谲其辞矣。故托万乘之劲韩，［七十］十七[9]年而不至于霸王者，虽用术于上，法不勤饰[10]于官之患也。

"公孙鞅之治秦也，设告［相］坐而责其实[11]，连什伍而同其罪[12]，赏厚而信，刑重而必。是以，其民用力劳而不休，逐敌危而不却，故其国富而兵强。然而无术以知奸，则以其富强也，资人臣而已矣。及孝公、商君死[13]，惠王[14]即位，秦法未败也，而张仪[15]以秦殉韩、魏。惠王死，武王[16]即位，甘茂[17]以秦殉周。武王死，昭襄王[18]即位，穰侯越韩、魏而东攻齐，五年而秦不益尺土之地，乃成其陶邑之封；应侯攻韩八年，成其汝南之封[19]。自是以来，诸用秦者，皆应、穰之类也。故战胜则大臣尊，益地则私封立，主无术以知奸也。商君虽十饰其法，人臣反用其资。故乘强秦之资，数十年而不至于帝王者，法［不］虽[20]勤饰于官，主无术于上之患也。”

问者曰：“主用申子之术，而官行商君之法，可乎？”对曰：“申子未尽于术，商君未尽于[21]法也。申子言：‘治不逾官，虽知弗言。’治不逾官，谓之守职也可；知而弗言，是不谓过也[22]。人主以一国目视，故视莫明焉；以一国耳听，故听莫聪焉[23]。今知而弗言，则人主尚安假借矣[24]？商君之法曰：‘斩一首者，爵一级；欲为官者，为五十石之官。斩二首者，爵二级；欲为官者，为百石之官。’官爵之迁，与斩首之功相称也。今有法曰‘斩首者令为医匠’，则屋不成而病不已。夫匠者手巧也，而医者齐[25]药也，而以斩首之功为之，则不当其能。今治官者，智能也，今斩首者，勇力之所加也；以勇力之所加而治智能之官，是以斩首之功为医匠也。故曰：‘二子之于法术，皆未尽善也。’”

---

①程：曰称轻重。　②隆：盛。　③课：试。

④奸令：触犯禁令。 ⑤弊：当作“蔽”。 ⑥徒：但，不兼之辞。 ⑦晋三卿韩、赵、魏，分晋国而有之，故曰“别国”。 ⑧道：从也。 ⑨“七十”，依顾广圻说改“十七”。⑩饰：通“饬”，整顿，整治。 ⑪相：依王先慎说删。告坐：谓告坐之法，不告奸者，腰斩；告奸者，与斩敌首同赏。⑫五家为伍，二伍为什。什伍相保，一家有奸，揭之免罪；不揭，九家同罪。 ⑬孝公：秦孝公，战国秦国君，任用商鞅变法。商君：商鞅。 ⑭惠王：秦惠文王。 ⑮张仪：战国魏人，主张连横之说。 ⑯武王：秦武王。 ⑰甘茂：战国楚人，相秦武王。 ⑱昭襄王：秦昭襄王。 ⑲穰侯：魏冉；应侯：范雎，皆秦相。昭王十六年，封魏冉于穰，后益封陶；三十六年，秦封范雎以应。应在汝州，故曰“汝南”。⑳不，依卢文弨、顾广圻说改“虽”。 ㉑依顾广圻说增。㉒是谓过也：谓是则太过矣。 ㉓莫明，莫聪：其聪其明无比也。 ㉔安假借矣：谓焉得假借耳目，而知奸邪哉。㉕齐：读为“剂”。

诡　使[1]

圣人之所以为治道者三：一曰“利”，二曰“威”，三曰“名”。夫利者，所以得民也；威者，所以行令也；名者，上下之所同道[2]也。非此三者，虽有，不急矣[3]。今利非无有也，而民不化上[4]；威非不存也，而下不听从。官非无法也，而治不当名[5]。三者非不存也，而世一治一乱者，何也？夫上之所贵，与其所以为治相反也。

夫立名号，所以为尊也；今有贱名轻实者，世谓之“高”。设爵位，所以为贱贵基也；而简[6]上不求见者，世谓之“贤”。威利所以行令也，而无利轻威[7]者，世谓之“重”。法令所以为治也，而不从法令为私善者，世谓之“忠”。官爵所以劝民也，而好名义不进仕者，世谓之“烈士”。刑罚所以擅威也，而轻法不避刑戮死亡之罪者，世谓之“勇夫”[8]。民之急名也，甚其求利也。如此，则士之饥饿乏绝者，焉得无岩居、苦身，以争名于天下哉。故世之所以不治者，非下之罪，上失其道也。常贵其所以乱，而贱其所以治。是故下之所欲，常与上之所以为治相诡也[9]。

今下而听其上，上之所急也；而惇悫[10]纯信，用心怯言，则谓之“窭”[11]；守法固，听令审，则谓之“愚”；敬上畏罪，则谓之“怯”；言时节，行中适[12]，则谓之“不肖”；无二心私学，听吏从教者，则谓之“陋”。难致[13]谓之“正”；难予[14]谓之“廉”；难禁谓之“齐”[15]；有令不听从，谓之“勇”；无利于上，谓之“愿”[16]；宽惠行德，谓之“仁”；重厚自尊，谓之“长者”；私学成群，谓之“师徒”；闲静安居，谓之“有思”[17]；损仁逐利，谓之“疾”；险躁佻反覆，谓之“智”；先为人而后自为，类名号言[18]，泛爱天下，谓之“圣”；言大本称，而不可用，行而乖于世者，谓之“大人”；贱爵禄、不挠[19]上者，谓之“杰”。下渐行[20]如此，入则乱民，出则不使[21]也。上宜禁其欲，灭其迹，而不止[22]也；又从而尊之，是教下乱上以为治也。

凡上所治者，刑罚也；今有私行义者尊。社稷之所以立者，安静[23]也；而躁险谗谀者任。四封之内，所以听从者，信与德也；而陂知倾覆[24]者使。令之所以行，威之所以立者，恭俭听上也，而岩居非世者显。仓廪之所以实者，耕农之本务也；而綦[25]组锦绣、刻画为末作者富。名之所以成，城池之所以广者，战士也；今死之孤饥饿乞于道，而优[26]笑酒徒之属，乘车衣丝。赏禄所以尽民力，易[27]下死也；今战胜攻取之士，劳而赏不沾，而卜筮、视手理、[孤虫]狐蛊[28]为顺辞于前者日赐。上握度量，所以擅生杀之柄也；今守度奉量之士，欲以忠婴上而不得见；巧言利辞，行奸轨以幸偷世者数御[29]。据法直言，名刑[30]相当，循绳墨，诛奸人，所以为上治也，而愈疏远；谄施[31]顺意，从欲以危世者近习。悉租税，专民力，所以备难充仓府也；而士卒之逃事、［状］伏[32]匿，附托有威之门[33]，以避徭赋，而上不得者，万数。

夫陈善田、利宅，所以厉战士也；而断头、裂腹，播骨乎［平］[34]原野者，无宅容身，死田亩[35]；而女妹有色[36]，大臣左右无功者，择宅而受，择田而食。赏利一从上出，所以善制下也；而战介之士不得职，而闲居之士尊显。上以此为教，名安得无卑，位安得无危。夫卑名危位者，必下之不从法令，有二心，［无］务私学，反逆世[37]者也；而不禁其行，不破其群，以散其党，又从而尊之，用事者过矣。

上之所以立廉耻者，所以厉下也；今士大夫不羞污泥丑辱而宦[38]，女妹私义之门，不待次而宦[39]。赏赐所以为重也；而战斗有功之士贫贱，而便辟优徒，超级名号[40]。诚信所以通威也，而主掩障近习，女谒并行，百官主爵迁人，用事者过矣。大臣官人，与下先谋[41]，比周［虽］不法，［行］威利在下[42]，则主卑而大臣重矣。

夫立法令者，以废私也[43]；法令行，而私道废矣。私者，所以乱法也，而士有二心私学，岩居窞[44]路，托伏深虑，大者非世，细者惑下；上不禁，又从而尊之以名，化之以实[45]，是无功而显，无劳而富也。如此，则士之有二心私学者，焉得无深虑，勉知诈与，诽谤法令，以求索与世相反者也。

凡乱上反世者，常[46]士有二心私学者也。故《本言》[47]曰："所以治者，法也；所以乱者，私也。法立，则莫得为私矣。"故曰："道私者乱，道法者治。"上无其道，则智者有私词，贤者有私意，上有私惠，下有私欲，圣智成群，造言作辞，以非法［措］错[48]［于］其上。上不禁塞，又从而尊之，是教下不听上，不从法也。是以贤者显名而居[49]，奸人赖赏而富。贤者显名而居，奸人赖赏而富，是以上不胜下也。

---

①凡事上下远近颠倒，曰“诡”。下之所欲与上之所为治相反，故曰“诡使”。 ②道：由也，趋也。 ③他端皆可从缓。 ④谓不怀上之德。 ⑤当：敌也，谓治法不敌虚名。 ⑥简：轻忽。 ⑦无：蔑；蔑利：不悦赏。轻威：不畏罚也。 ⑧以上六者，世之所称誉，而国之所以亡也。 ⑨诡：左也。上之所以为治在刑赏，而下所贵在名，故相左。 ⑩悫：诚恳。 ⑪窭：贫，寒酸貌。 ⑫言时节：言论合乎时宜而有分寸。行中适：行为合乎法令而又适当。 ⑬难致：谓人主征不就。 ⑭难予：谓不受上赏，独贪名。 ⑮齐：壮也。 ⑯不干求于上，则谓谨厚。 ⑰思：道德纯备。 ⑱类：比也。名号：《春秋繁露》云，“‘号’，凡而略，‘名’详而目。‘目’者偏辨其事也；‘凡’者独举其事也。”盖“号”，乃事物之总名，“名”则总名中之散名也。如享鬼神，总称曰“祭”，猎禽兽总称曰“田”，号也。春“祠”、夏“礿”、秋“尝”、冬“烝”，祭之名也；春“苗”、夏“狝”、秋“搜”、冬“狩”，田之名也。言：如《诗》“维号斯言”，《难言篇》“以具数言”、“以质信言”之言。 ⑲挠：屈也。 ⑳渐行：谓世将移变，流俗陵迟也。 ㉑不使：不任事也。 ㉒禁之而犹不止。 ㉓安定静默之人。 ㉔陂知：无信；倾覆：

无德。　　㉕綦：绮彩也。　　㉖优：古代以歌舞诙谐娱乐君主的人。　　㉗易：如“贸易”之“易”；谓买其忠爱之心，使不爱其生也。　　㉘筮：卜之一种，以蓍草奇偶求卦爻，而卜凶吉者。视手理：相手掌纹理，以觇人休咎者。孤虫，依俞樾说，改“狐蛊”；狐蛊，为媚态甘言以惑人者。　　㉙数：音速；御：进也。此言巧言利辞之人，得常进见也。　　㉚刑：“形”之借字。　　㉛施：与“訑”同，多言也，亦谄意。㉜状，依王先谦说改“伏”。　　㉝有威之门：权门也。㉞平：依顾广圻说删。　　㉟谓露居野死。　　㊱女妹：少女也。《毛诗》“伣天之妹”，《疏》云：“初嫁必幼，故以妹言之。”有色：冶容。　　㊲谓违抗世主。　　㊳谓乞怜昏夜。㊴谓破格升迁。　　㊵级：等也。谓有上等名号。　　㊶卖重于下，以收威望。　　㊷权利不在人主而在人臣。　　㊸私：不符合法治要求的一切个人行为。　　㊹窨：窟也。　　㊺谓与之以实利。　　㊻常：常恒，犹言大率。　　㊼《本言》：古书名。　　㊽错：乱也。　　㊾居：不仕。

六　反[①]

畏死、远难，降北之民也[②]，而世尊之曰“贵生之士”；学道、立方，离法之民也，而世尊之曰“文学之士”；游居、厚养，牟[③]食之民也，而世尊之曰“有能之士”；语曲、牟知[④]，伪诈之民也，而世尊之曰“辩智之士”；行剑攻杀，暴憿[⑤]之民也，而世尊之曰“磏[⑥]勇之士”；活贼、匿奸，当死之民也，而世尊之曰“任［誉］侠[⑦]之士”：此六民者，世之所誉也。赴险、殉诚，死节之民也，而世少之曰“失计之民”也；寡闻、从令，全法之民也，而世少之曰“朴陋之民”也；力作而食，生利之民也，而世少之曰“寡能之民”也；嘉厚、纯粹，整榖之民也[⑧]，而世少之曰“愚戆之民”也；重命、畏事，尊上之民也，而世少之曰“怯慑之民”也；挫贼、遏奸，明上之民也[⑨]，而世少之曰“谄谗之民”也。此六民者，世之所毁也。奸伪无益之民六，而世誉之如彼；耕战有益之民六，而世毁之如此：此之谓“六反”。布衣循私利而誉之，世主听虚声而礼之；礼之所在，利必加焉。百姓循私害而訾之，世主壅于俗而贱之；贱之所在，害必加焉。故名赏在乎私恶当罪之民，而毁害在乎公善宜赏之士，索国之富强，不可得也。

古者有谚曰："为政犹沐也，虽有弃发，必为之。"[10]爱弃发之费，而忘长发之利，不知权[11]者也。

夫弹痤[12]者痛，饮药者苦。为苦惫之故，不弹痤、饮药，则身不活，病不已矣。

今上下之接，无子父之泽，而欲以行义禁下，则交必有郄矣[13]。且父母之于子也，产男则相贺，产女则杀[14]之。此俱出父母之怀衽[15]，然男子受贺，女子杀之者，虑其后便，计之长利也。故父母之于子也，犹用计算之心以相待也，而况无父子之泽乎。今学者之说人主也，皆去求利之心，出相爱之道，是求人主之过于父母之亲也。此不熟于论思[16]诈而诬也，故明主不受也。圣人之治也，审于法禁，法禁明著，则官［法］治[17]；必于赏罚，赏罚不阿，则民用。民用官［官］[18]治，则国富，国富则兵强，而霸王之业成矣。霸王者，人主之大利也；人主挟大利以听治，故其任官者当能，其赏罚无私。使士民明焉[19]，尽力致死，则功伐可立，而爵禄可致；爵禄致而富贵之业成矣。富贵者，人臣之大利也；人臣挟大利以从事，故其行危至死，其力尽而不望[20]。此谓君不仁，臣不忠，则［不］[21]可以霸王矣[22]。

夫奸，必知则备，必诛则止；不知则肆，不诛则行。夫陈轻货于幽隐，虽曾、史[23]可疑也；悬百金于市，虽大盗不取也。不知，则曾、史可疑于幽隐；必知，则大盗不取悬金于市。故明主之治国也，众其守而重其罪[24]，使民以法禁，而不以廉止[25]。母之爱子也倍父，父令之行于子者十母；吏之于民无爱，令之行于民也万父。母积爱而令穷，吏用威严而民听从，严爱之策，亦可决矣。且父母之所以求于子也，动作则欲其安利也，行身则欲其远罪也；君上之于民也，有难则用其死，安平则尽其力。亲以厚爱关[26]子于安利而不听；君以无爱利求民之死力而令行。明主知之，故不养恩爱之心，而增威严之势。故母厚爱处，子多败，推[27]爱也；父薄爱教笞，子多善，用严也。

今家人之治产也，相忍以饥寒，相强以劳苦，虽犯军旅之难，饥馑之患，温衣美食者，必是家也[28]；相怜以衣食，相惠以佚乐，天饥岁荒，嫁妻卖子者，必是家[29]也。故法之为道，前苦而长利；仁之为道，偷乐而后穷。圣人权其轻重[30]，出其大利，故用法之相忍，而弃仁之相怜也。

学者之言，皆曰“轻刑”，此乱亡之术也。凡赏罚之必者，劝禁也。赏厚，则所欲之得也疾；罚重，则所恶之禁也急。夫欲利者必恶害，害者利之反也。反于所欲，焉得无恶。欲治者必恶乱，乱者治之反也。是故，欲治甚者，其赏必厚矣；[其]恶乱甚者，其罚必重矣。今取于轻刑者，其恶乱不甚也，其欲治又不甚也；此非特无术也，又乃无行[31]。是故决贤、不肖、愚、知之[美]策[32]，在赏罚之轻重[33]。

且夫重刑者，非为罪人也，明主之法揆[34]也。[治] 蔡贼，非治所 [揆] 蔡也，治所 [揆] 蔡也者，是治死人也[35]；刑盗，非治所刑也，治所刑也者，是治胥靡[36]也。故曰：重一奸之罪，而止境内之邪，此所以为治也。重罚者盗贼也，而悼惧者良民也，欲治者奚疑于重刑？若夫厚赏者，非独赏功也，又劝一国[37]。受赏者甘利，未赏者慕业，是报一人之功，而劝境内之众也，欲治者何疑于厚赏。

今不知治者，皆曰："重刑伤民，轻刑可以止奸，何必于重哉？"此不察于治者也。夫以重止者，未必以轻止也；以轻止者，必以重止矣[38]。是以上设重刑者而奸尽止，奸尽止，则此奚伤于民也[39]。所谓重刑者，奸之所利者细，而上之所加焉者大也；民不以小利蒙大罪，故奸必止者也。所谓轻刑者，奸之所利者大，上之所加焉者小也；民慕其利而傲其罪[40]，故奸不止也。故先圣有谚曰："不踬[41]于山而踬于垤[42]。"山者大，故人顺[43]之；垤微小，故人易之也。今轻刑罚，民必易之。犯而不诛，是驱国[44]而弃之也；犯而诛之，是为民设陷[45]也。是故轻罪者，民之垤也；是以轻罪之为 [民] [46]道也，非乱国也，则设民陷也[47]，此则可谓伤民矣。

今学者皆道书策之颂语[48]，不察当世之实事，曰："上不爱民，赋敛常重，则用不足而下 [恐] 怨[49]上，故天下大乱。"此以为足其财用以加爱焉，虽轻刑罚可以治也，此言不然矣[50]。凡人之取重 [赏] 刑[51]罚，固已足之之后也[52]。虽财用足而后厚爱之，然而轻刑，犹之乱也。夫当家之爱子，财货足用。财货足用则轻用，轻用则侈泰；亲爱之则不忍，不忍则骄恣。侈泰则家贫，骄恣则行暴，此虽财用足，而爱厚轻利之患也。凡人之生也，财用足，则隳[53]于用力；上治懦，则肆于为非。财用足而力作者，神农也；上治懦而行修者，曾、史也，夫民之不及神农、曾、史，亦已明矣。

老聃有言曰："知足不辱，知止不殆。"夫以殆辱之故，而不求于足之外者，老聃也；今以为足民而可以治，是以民为皆如老聃也。故桀贵在天子，而不足于尊；富有四海之内，而不足于宝。君人者，虽足民，不能足使为天子，而桀未必以天子为足也；则虽足民，何可以为治也？故明主之治国也，适其时事，以致财物；论其税赋，以均[54]贫富；厚其爵禄，以尽贤能；重其刑罚，以禁奸邪。使民以力得富，以事致贵，以过受罪，以功致赏，而不念慈惠之赐[55]，此帝王之政也。

人皆寐，则盲者不知；皆嘿，则喑者不知[56]。觉而使之视，问而使之对，则喑、盲者穷矣。不听其言也，则无术者不知；不任其身也，则不肖者不知；听其言而求其当，任其身而责其功，则无术、不肖者穷矣。夫欲得力士而听其自言，虽庸人与乌获不可别也；授之以鼎俎，则罢健效矣[57]。故官职者，能士之鼎俎也，任之以事而愚智分矣。故无术者，得于不用；不肖者，得于不任[58]。言不用，而自文以为辩；身不任，而自饰以为高。世主眩其辩，滥其高而尊贵之[59]，是不须视而定明也，不待对而定辩也，喑盲者不得矣[60]。明主听其言，必责其用，观其行，必求其功，然则虚旧[61]之学不谈，矜诬之行不饰矣。

---

①谓公私名实相反者，六也。　②言畏死远难之民，用以当敌，必不耻降北之辱。　③牟：与“蟊”通，食苗根之虫也。　④牟：倍也，多也（与上义别）。牟知：多智也。⑤儌：与“侥”通。侥幸。　⑥磏：《说文》，“厉石也”，凌利之义。　⑦誉：依顾广圻说改“侠”。　⑧整：正也。穀：善也。　⑨明上：绝壅塞也。　⑩明知沐有弃发而必沐也。⑪爱：惜也。不得已而为，谓之“权”。　⑫痤：痈也。弹痤：谓以砭石弹痈疽而出血。　⑬郄：隙也。　⑭杀：灭也，谓灭其贺也。　⑮怀衽（rèn）：怀抱。衽：衣襟。⑯“论思”，谓法术者之论谈思虑。　⑰法，依顾广圻说改“治”。　⑱依顾广圻说改。　⑲明焉：明于此。　⑳望：怨也。言人臣尽力从事，虽行危至死，无怨。　㉑不，依顾广圻说删。　㉒《外储说》右篇云：“治强生于法，乱弱生于阿，君明于此，则正赏罚而非不仁也；爵禄生于功，赏罚生于罪，臣明于此，则尽死力而非忠君也。君通于不仁，臣通于不忠，则可以王矣。”与此文义可相发明。　㉓曾、史：曾参（shēn）、史鳝（qiū）。二人在古代都被认为是有道德修养的人。㉔守众则难取，罪重则鲜犯。　㉕以法禁贪，而不以廉止贪。㉖关：预也，犹言“要”。　㉗推：行也。　㉘勤俭，故足

用。　㉙奢惰，故无积蓄。　㉚权仁与法之轻重利害。㉛无行：不行也。　㉜美，依俞樾说改“策”。　㉝赏罚重，则贤智者进，愚不肖者退；赏罚轻，则愚不肖者偷幸，贤智者退。　㉞揆：度也，如《孟子》云：“上无道揆也，下无法守也。”　㉟三字据俞樾说改。蔡：音“察”，杀也。杀一贼所以儆天下之为贼者，非为恶一贼而杀也。　㊱胥靡：犯轻罪被罚苦役的人。　㊲谓非独爱一人而赏其功也，将劝一国之人。　㊳谓奸民有必待重法而禁者，轻刑必不畏；若轻刑即可禁者，则重刑必更有效矣。　㊴谓能止奸，则重刑无伤。㊵傲其罪：谓轻易其刑。　㊶蹶：倾跌也。　㊷垤（dié）：小土堆。　㊸顺：当读为“慎”。　㊹国：谓全国。㊺陷：陷阱也。　㊻民，依王先慎说删。　㊼言轻罪之道，非乱国，即为民设阱。　㊽颂语：犹美语。　㊾恐，依卢文弨说改“怨”。　㊿韩子以学者此言为不当。　51赏，依王渭说改“刑”。　52言富人犹或犯刑者。　53隳：与“隋”通。　54均：谓使无太贫太富。　55谓不冀无功而得赏。56嘿：与“默”通。不知：不可知也。谓盲、喑混于寐、嘿之中，人莫能辨也。喑：哑。　57罢：疲也。健：有力也。效：验也。　58得：得知其实也。谓因言之无用，而人君得知其无术；因事之不能任，而人君得知其不肖也。　59眩：惑也。滥：失实也。　60谓如此，则不能得喑、盲之实矣。　61旧：一作“夸”，又作“奋”。《人物志》云：“矜奋侵陵者，毁塞之险途也。”

八说

为故人行私，谓之不弃[①]；以公财分施，谓之仁人；轻禄重身，谓之君子；枉法曲[②]亲，谓之有行[③]；弃官宠[④]交，谓之有侠；离世遁上，谓之高傲；交争逆令，谓之刚材；行惠取众，谓之得民。不弃者，吏有奸也；仁人者，公财损也；君子者，民难使也；有行者，法制毁也；有侠者，官职旷也；高傲者，民不事[⑤]也；刚材者，令不行也；得民者，君上孤也。此八者，匹夫之私誉，人主之大败也；反此八者，匹夫之私毁，人主之公利也。人主不察社稷之利害，而用匹夫之私誉，索国之无危乱，不可得矣。

任人以事，存亡治乱之机[⑥]也。无术以任人，无所任而不败。人君之所任，非辩智，则修洁也。任人者，使有势也[⑦]。智士者，未必信也；为多其智，因惑其信也[⑧]。以智士之计，处乘势之资，而为其私急，则君必欺焉。为智者之不可信也；故任修士者，使断事也。修士者未必智，为洁其身，因惑其智[⑨]。以愚人之所惛[⑩]，处治事之官，而为其所然[⑪]，则事必乱矣。故无术以用人，任智则君欺，任修则君事乱：此无术之患也。明君之道，贱德义贵，下必坐上[⑫]，决诚以参，听无门户[13]，故智者不得诈欺。计功而行赏，程能而授事，察端而观失，有过者罪，有能者得，故愚者不任事。智者不敢欺，愚者不得断，则事无失矣。

察士然后能知之，不可以为令，夫民不尽察；贤者然后能行之，不可以为法，夫民不尽贤。杨朱、墨翟，天下之所察也，干世乱而卒不决[14]，虽察而不可以为官职之令[15]。鲍焦、华角[16]，天下之所贤也；鲍焦木枯[17]，华角赴河，虽贤不可以为耕战之士。故人主之所察，智士尽其辩焉；人主之所尊，能士尽其行焉。今世主察无用之辩，尊远功之行，索国之富强，不可得也。

博习、辩智如孔、墨，孔、墨不耕耨，则国何得焉；修孝、寡欲如曾、史，曾、史不战攻，则国何利焉。匹夫有私便，人主有公利。不作而养足，不仕而名显，此私便也；息文学而明法度，塞私便而一功劳，此公利也。错[18]法以道民也，而又贵文学，则民之所师法也疑。赏功以劝民也，而又尊行修，则民之产利也惰。夫贵文学以疑法，尊行修以贰[19]功，索国之富强，不可得也。

搢笏干戚，不适有方铁铦；登降周旋，不逮日中奏百[20]；狸首射侯，不当强弩趋发[21]；干城距冲，不若堙穴伏橐[22]。古人亟于德，中世逐于智，当今争于力。古者寡事而备简，朴陋而不尽，故有珧铫而推车者[23]。古者人寡而相亲，物多而轻利易让，故有揖让而传天下者。然则，行揖让，高慈惠，而道仁厚，皆推政[24]也。处多事之时，用寡事之器，非智者之备也；当大争之世，而循揖让之轨，非圣人之治也。故智者不乘推车，圣人不行推政也。

法所以制事，事所以名功也。法立而有难，权其难而事成则立之；事成而有害，权其害而功多则为之：无难之法，无害之功，天下无有也[25]。是以拔千丈之都[26]，败十万之众，死伤者军之［乘］垂[27]；甲兵折挫，士卒死伤，而贺战胜得地者，出其小害，计其大利也。夫沐者有弃发，除者伤血肉[28]；为[29]人见其难，因释其业，是无术之士也。先圣有言曰："规有摩而水有波，我欲更之，无奈之何！"此通权之言也[30]。是以，说有必立而旷于实者，言有辞拙而急于用者。故圣人不求无害之言，而务无易之事。

人之不事衡石者，非贞廉而远利也[31]。石不能为人多少，衡不能为人轻重，求索不能得，故人不事也。明主之国，官不敢枉法，吏不敢为私，货赂不行，是境内之事尽如衡石[32]也。此其臣有奸者必知，知者必诛；是以有道之主，不求清洁之吏，而务必知之术也。

慈母之于弱子也，爱不可为前[33]。然而弱子有僻行，使之随师；有恶病，使之事医。不随师则陷于刑，不事医则疑于死；慈母虽爱，无益于振刑救死：则存子者，非爱也。子母之性，爱也；臣主之权，策[34]也。母不能以爱存家，君安能以爱持国？

明主者，通于富强，则可以得欲矣。故谨于听治，富强之法也。明其法禁，察其谋计。法明，则内无变乱之患；计得，则外无死虏之祸。故存国者，非仁义也。

仁者，慈惠而轻财者也；暴者，心毅而易诛者也。慈惠，则不忍；轻财，则好与；心毅，则憎心见于下；易诛，则妄杀加于人。不忍，则罚多宥赦；好与，则赏多无功；憎心见，则下怨其上；妄诛，则民将背叛。故仁人在位，下肆而轻犯禁法，偷幸而望于上；暴人在位，则法令妄而臣主乖，民怨而乱心生。故曰：仁暴者，皆亡国者也。

不能具美食，而劝饿人饭，不为能活饿者也；不能辟草、生粟，而劝贷施赏赐，不能为富民者也。今学者之言也，不务本作，而好末事[35]，知道虚圣以说民：此劝饭之说；劝饭之说，明主不受也。

书约而弟子辩，法省而民讼［简］萠[36]；是以圣人之书必著[37]论，明主之法必详事。尽思虑，揣得失，智者之所难也；无思无虑，挈前言而责后功，愚者之所易也。明主虑愚者之所易，以责智者之所难，故智虑力劳不用而国治也。

酸、甘、咸、淡，不以口断，而决于宰尹[38]，则厨人轻君而重于宰尹矣；上下清浊，不以耳断，而决于乐正[39]，则瞽工[40]轻君而重于乐正矣；治国是非不以术断，而决于宠人，则臣下轻君而重于宠人矣。人主不亲观听，而制断在下，托食于国者也。

使人不衣、不食，而不饥、不寒，又不恶死，则无事上之意；意欲不宰[41]于君，则不可使也。今生杀之柄在大臣，而主令得行者，未尝有也。虎豹必不用其爪牙，而与鼷鼠[42]同威；万金之家，必不用其富厚，而与监门同资[43]。有土之君，说人不能利，恶人不能害，索人欲畏重己，不可得也。

人臣肆意陈欲，曰"侠"[44]；人主肆意陈欲，曰"乱"。人臣轻上，曰"骄"[45]；人主轻下，曰"暴"。行理同实，下以受誉，上以得非；人臣大得，人主大亡。明主之国，有贵臣，无重臣：贵臣者，爵尊而官大者也；重臣者，言听而力多者也。明主之国，迁官袭级，官爵［受］授功，故有贵臣；言不度行而有伪，必诛，故无重臣也。

---

①不弃：谓不遗故旧。　②曲：犹"阿"也。　③有行：品行好。　④宠：争也。　⑤事：犹"任"，言不任其事。　⑥机：发动所由。　⑦谓任人，则必使其人有势可凭借。　⑧谓智士虽未必信，然以智多，故能使人信其诞妄。⑨修士虽未必智，然以洁身故，能使人误以为智。　⑩愍（mǐn）：同"悯"。　⑪愚人然其所不然。　⑫坐：指连坐。即不告奸者与奸者同罪。　⑬门户：比喻单一的途径。⑭杨朱：战国初期魏国人，道家人物。他主张"为我""贵己"，反对墨家的兼爱和儒家的伦理思想。墨翟（dí）：春秋末、战国

初鲁国人，墨家学说创始者。主张“兼爱”“非攻”。杨、墨千世难得之才也；以千世难得之才，欲治平常之事，则庶官旷矣，是千世乱也。　⑮令：吏也。　⑯鲍焦：春秋末期人，传说他对现实不满，抱木而死。华角：生平不详，投河而亡。⑰立死若木之枯也。　⑱错：通“措”，设置。　⑲贰：犹疑。　⑳搢（jìn）：插也。笏（hù）：大圭也。干：盾也；戚：钺也；干戚：舞者所执也。適：读为“敌”。有方：当为酋矛。铦：錍也。登降周旋：古代以礼取士之法。奏：走也；日中奏百：自旦至日中走百里也，为战国选武士之法。此言古代之文教，不及当时之武备也。　㉑狸首射侯：古之射礼也。《周礼·乐师》云：“王以驺虞为节，诸侯以狸首为节。”《乡饮酒礼》云：“天子熊侯白质；诸侯麋侯赤质；大夫布侯，画以虎豹；士布侯，画以鹿豕。”趋：与“驺”通。驺：谓矢之善者。趋发：发驺矢以射也。　㉒干：盾。距冲：攻城之车。皆文王攻守之具。堙：土山；穴：挖穴作地道而攻城；伏橐（tuó）：在地道中熏毒火者，皆战国时攻守之具。　㉓珧铫：古代用蚌壳做的原始农具。推车：当作“椎车”，古代无饰之车。㉔推政：当作“椎政”，谓上古质朴之政也。　㉕天下无不难之法，无不害之功；但权事之成否，功之多寡耳。　㉖千丈之都：指每边有五里多长城墙的城市，在诸侯国中是较大的都城。　㉗乘：依王先慎说改“垂”；垂：三分之一也。㉘除：愈也。欲病愈者，攻以药石；药石所达，血肉必伤。㉙为：犹“若”。　㉚规：正圆之器也。摩：与“磨”音通，用久而磨灭也。谓规者所以正圆，水者所以取平，而有磨与波，则不能正圆取平，宜改易之，又何拘焉。此喻先王之法虽善良，而历年久远，有不适时，宜更易之矣。 ㉛事：犹“关”也；石：权也。 ㉜衡石：衡，衡器。石，量器。 ㉝不可为前：犹言“莫过之”也。 ㉞策：数，计算。 ㉟本作：农织有用者；末事：商贾无用者。 ㊱简：依顾广圻说改“蕑”。讼：犹“辩”也。 ㊲著：明也，详也。 ㊳宰尹：厨人长。 ㊴乐正：主管乐队的官。 ㊵瞽（gǔ）工：奏乐的盲人。 ㊶宰：制也。 ㊷鼷（xī）鼠：小家鼠。㊸而：犹“则”也；“而”“则”，古通用。见《经传释辞》。㊹为人臣跋扈，当时誉之曰“侠”。 ㊺骄：与“矫”通，壮也，强也。

五　蠹[1]

上古之世，人民少而禽兽众，人民不胜禽兽、虫蛇。有圣人作，构木为巢以避群害，而民悦之，使王天下，号之曰“有巢氏”。民食果、蓏、蚌、蛤[2]，腥臊恶臭，而伤害腹胃，民多疾病。有圣人作，钻燧取火以化腥臊，而民说之，使王天下，号之曰“燧人氏”。中古之世，天下大水，而鲧、禹决渎；近古之世，桀、纣暴乱，而汤、武征伐。今有构木钻燧于夏后氏之世者，必为鲧、禹笑矣；有决渎于殷、周之世者，必为汤、武笑矣。然则，今有美尧、舜、汤、武，禹之道于当今之世者，必为新圣笑矣。是以圣人不期修古[3]，不法常可，论世之事，因为之备。宋人有耕田者，田中有株[4]，兔走触株，折颈而死；因释其耒而守株，冀复得兔；兔不可复得，而身为宋国笑。今欲以先王之政，治当世之民，皆守株之类也。

古者，丈夫不耕，草木之实足食也；妇人不织，禽兽之皮足衣也。不事力而养足，人民少而财有余，故民不争。是以，厚赏不行，重罚不用，而民自治。今人有五子不为多，子又有五子，大父未死而有二十五孙。是以人民众而货财寡，事力劳而供养薄；故民争，虽倍赏累罚而不免于乱。

尧之王天下也，茅茨不剪，采[⑤]椽不斫；粝粢之食，藜藿之羹[⑥]；冬日麑裘，夏日葛衣[⑦]；虽监门之服养，不亏于此矣[⑧]。禹之王天下也，身执耒臿[⑨]，以为民先；股无胈[⑩]，胫不生毛；虽臣虏之劳，不苦于此矣。以是言之，夫古之让天子者，是去监门之养，而离臣虏之劳也，古传天下而不足多也。今之县令，一日身死，子孙累世絜[⑪]驾，故人重之。是以人之于让也，轻辞古之天子，难去今之县令者，薄厚之实异也。夫山居而谷汲者，媵腊而相遗以水[⑫]。泽居苦水者，买庸而决窦[⑬]。故饥岁之春，幼弟不饷[⑭]；穰岁之秋，疏客必食。非疏骨肉，爱过客也，多少之实异也。是以古之易财，非仁也，财多也；今之争夺，非鄙也，财寡也；轻辞天子，非高也，势薄也；重争士橐[⑮]，非下也，权重也。故圣人议多少，论薄厚为之政。故罚薄不为慈，诛严不为戾，称俗而行也。

故事因于世，而备适于事。古者文王处丰、镐之间，地方百里，行仁义而怀西戎，遂王天下。徐偃王处汉东，地方五百里，行仁义，割地而朝者，三十有六国；荆文王恐其害己也，举兵伐徐，遂灭之。故文王行仁义而王天下，偃王行仁义而丧其国，是仁义用于古，而不用于今也。故曰："世异则事异。"当舜之时，有苗不服，禹将伐之，舜曰："不可！上德不厚而行武，非道也。"乃修教三年，执干戚舞，有苗乃服。共工之战，铁铦短者及乎敌[⑯]，铠甲不坚者伤乎体。

是干戚用于古，不用于今也，故曰："事异则备变。"上古竞于道德，中世逐于智谋，当今争于气力。齐将攻鲁，鲁使子贡说之。齐人曰："子言非不辩也；吾所欲者，土地也，非斯言所谓也。"遂举兵伐鲁，去门十里以为界。故偃王仁义而徐亡，子贡辩智而鲁削。以是言之，夫仁义，辩智，非所以持国也。去偃王之仁，息子贡之智，循徐、鲁之力，使敌万乘，则齐、荆之欲，不得行于二国矣。

夫古今异俗，新故异备。如欲以宽缓之政，治急世之民，犹无辔策而御駻马[17]，此不知之患也。今儒、墨皆称："先王兼爱天下，则视民如父母。"何以明其然也？曰："司寇行刑，君为之不举乐，闻死刑之报，君为流涕。"此所举先王也[18]。夫以君臣为如父子则必治，推是言之，是无乱父子也[19]。人之情性，莫先于父母，皆见爱而未必治也；虽厚爱矣，奚遽不乱？今先王之爱民，不过父母之爱子，子未必不乱也，则民奚遽治哉？且夫以法行刑，而君为之流涕，此以效仁，非以为治也。夫垂泣不欲刑者，仁也；然而不可不刑者，法也。先王胜其法，不听其泣[20]，则仁之不可以为治，亦明矣。

且民者固服于势，寡能怀于义。仲尼，天下圣人也，修行明道，以游海内，海内说其仁，美其义，而为服役者七十人[21]。盖贵仁者寡，能义者难也。故以天下之大，而为服役者七十人，而仁义者一人[22]。鲁哀公，下主也，南面[23]君国，境内之民莫敢不臣。民者固服于势，势诚易以服人。故仲尼反为臣，而哀公顾为君，仲尼非怀其义，服其势也。故以义，则仲尼不服于哀公；乘势，则哀公臣仲尼。今学者之说人主也，不乘必胜之势，而务行仁义则可以王，是求人主之必及仲尼，而以世之凡民皆如列徒[24]，此必不得之数也。

今有不才之子，父母怒之弗为改，乡人谯之弗为动，师长教之弗为变。夫以父母之爱，乡人之行，师长之智，三美加焉，而终不动，其胫毛不改；州部之吏，操官兵，推公法，而求索奸人，然后恐惧，变其节，易其行矣。故父母之爱，不足以教子，必待州部之严刑者，民固骄于爱，听于威矣。故十仞之城，楼季[25]弗能逾者，峭也；千仞之山，跛牂[26]易牧者，夷也。故明王峭其法而严其刑也。布帛寻常[27]，庸人不释，铄金百镒，盗跖不掇。不必害，则不释寻常；必害手，则不掇百镒；故明主必其诛也。是以赏莫如厚而信，使民利之；罚莫如重而必，使民畏之；法莫如一而固，使民知之。故主施赏不迁，行诛无赦。誉辅其赏，毁随其罚，则贤不肖俱尽其力矣。

今则不然，以[28]其有功也爵之，而卑其士官也；以其耕作也赏之，而少其家业也；以其不收[29]也外之，而高其轻世也；以其犯禁也罪之，而多其有勇也。毁誉赏罚之所加者，相与悖缪也，故法禁坏而民愈乱。今兄弟被侵必攻者，廉也[30]；知友被辱随仇[31]者，贞也；廉贞之行成，而君上之法犯矣。人主尊贞廉之行，而忘犯禁之罪，故民程于勇，而吏不能胜也[32]。不事力而衣食，则谓之能；不战功而尊，则谓之贤：贤能之行成，而兵弱而地荒矣。人主说贤能之行，而忘兵弱地荒之祸，则私行立而公利灭矣。

儒以文乱法，侠以武犯禁，而人主兼礼之，此所以乱也。夫离法者罪，而诸先生以文学取；犯禁者诛，而群侠以私剑养。故法之所非，君之所取；吏之所诛，上之所养也。法、趣、上、下，四相反[33]也，而无所定，虽有十黄帝，不能治也。故行仁义者非所誉，誉之则害功；文学者非所用，用之则乱法。楚之有直躬[34]，其父窃羊而谒之吏，令尹曰："杀之！"以为直于君而曲于父，报而罪之。以是观之，夫君之直臣，父之暴子也。鲁人[35]从君战，三战三北[36]。仲尼问其故，对曰："吾有老父，身死莫之养也。"仲尼以为孝，举而上之。以是观之，夫父之孝子，君之背臣也。故令尹诛而楚奸不上闻，仲尼赏而鲁民易降北，上下之利若是其异也。而人主兼举匹夫之行，而求致社稷之福，必不几矣。

古者苍颉之作书也，自环者谓之"私"，背私谓之"公"[37]。公私之相背也，乃苍颉固以知之矣；今以为同利者，不察之患也。然则为匹夫计者，莫如修行义而习文学。行义修，则见信，见信则受事[38]；文学习，则为明师，为明师则显荣：此匹夫之美也。然则无功而受事，无爵而显荣，为有政如此，则国必乱，主必危矣。故不相容之事，不两立也。斩敌者受赏，而高慈惠之行；拔城者受爵禄，而信廉爱之说[39]；坚甲厉兵以备难，而美荐绅[40]之饰；富国以农，距[41]敌恃卒，而贵文学之士；废敬上畏法之民，而养游侠私剑之属：举行如此，治强不可得也。国平养儒侠，难至用介[42]士，所利非所用，所用非所利。是故服事者简[43]其业，而游学者日众，是世之所以乱也。

且世之所谓贤者，贞信之行也；所谓智者，微妙之言也。微妙之言，上智之所难知也；今为众人法而以上智之所难知，则民无从识之矣。故糟糠不饱者，不务粱肉；短褐不完者，不待文绣。夫治世之事，急者不得，则缓者非所务也。今所治之政，民间之事，夫妇[44]所明知者不用，而慕上知之论，则其于治反矣。故微妙之言，非民务也。若夫贤良贞信之行者，必将贵不欺之士；贵不欺之士者，亦无不欺之术也[45]。布衣相与交，无富厚以相利，无威势以相惧也，故求不欺之士。今人主处制人之势，有一国之厚，重赏严诛，得操其柄以修明术之所烛，虽有田常、子罕之臣[46]，不敢欺也，奚待于不欺之士？今贞信之士，不盈于十，而境内之官以百数；必任贞信之士，则人不足官；人不足官，则治者寡而乱者众矣。故明主之道，一法而不求智，固术而不慕信，故法不败而群官无奸诈矣。今人主之于言也，说[47]其辩而不求其当焉；其用于行也，美其声而不责其功焉。是以天下之众，其谈言者，务为辩而不周[48]于用。故举先王，言仁义者盈廷，而政不免于乱；行身者竞于为高，而不合于功。故智士退处岩穴，归禄不受，而兵不免于弱，政不免于乱。此其故何也？民之所誉，上之所礼，乱国之术也。

今境内之民皆言治，藏商、管之法者家有之[49]，而国愈贫，言耕者众，执耒者寡也。境内皆言兵，藏孙、吴之书[50]者家有之，而兵愈弱，言战者多，被甲者少也。故明主用其力，不听其言；赏其功，必禁无用；故民尽死力以从其上。夫耕之用力也劳，而民为之者，曰：可得以富也；战之为事也危，而民为之者，曰：可得以贵也。今修文学，习言谈，则无耕之劳而有富之实，无战之危而有贵之尊，则人孰不为也。是以，百人事智，而一人用力。事智者众，则法败；用力者寡，则国贫：此世之所以乱也。故明主之国，无书简之文，以法为教；无先王之语，以吏为师；无私剑之捍，以斩首为[51]勇。是境内之民，其言谈者必轨于法，动作者归之于功，为勇者尽之于军。是故，无事则国富，有事则兵强，此之谓"王资"[52]。既畜王资而承敌国之舋[53]，超五帝、侔[54]三王者，必此法也。

今则不然，士民纵恣于内，言谈者为势于外；外内称恶以待强敌，不亦殆乎。故群臣之言外事者，非有分于从衡之党，则有仇雠之忠，而借力于国也[55]。"从"者，合众弱以攻一强也；而"衡"者，事一强以攻众弱也：皆非所以持国也。今人臣之言衡者，皆曰："不事大，则遇敌受祸矣。"事大［未］必有实，则举图而委，效玺而请［兵］矣[56]。献图则地削，效玺则名卑；地削则国削，名卑则政乱矣。事大为"衡"，未见其利也，而亡地乱政矣。人臣之言从者，皆曰："不救小而伐大，则失天下；失天下则国危，国危而主卑。"救小［未］[57]必有实，则起兵而敌大矣。救小未必能存，而［交］

敌[58]大未必不有疏；有疏则为强国制矣。出兵则军败，退守则城拔；救小为“从”，未见其利，而亡地败军矣。

是故事强，则以外权士官于内，救小则以内重求利于外。国利未立，封土厚禄至矣；主上虽卑，人臣尊矣；国地虽削，私家富矣。事成则以权长重，事败则以富退处。人主之听说于其臣，事未成则爵禄已尊矣。事败而弗诛，则游说之士，孰不为用矰缴之说[59]，而侥幸其后。故破国亡主，以听言谈者之浮说。此其故何也？是人君不明乎公私之利，不察当否之言，而诛罚不必其后也。

皆曰：“外事，大可以王，小可以安。”[60]夫王者能攻人者也，而安则不可攻也；强则能攻人者也，治则不可攻也。治强不可责于外，内政之有[61]也。今不行法术于内，而事智于外，则不至于治强矣。鄙谚曰“长袖善舞，多钱善贾”，此言多资之易为工也。故治强易为谋，弱乱难为计。故用于秦者，十变而谋希失；用于燕者，一变而计希得。非用于秦者必智，用于燕者必愚也，盖治乱之资异也。故周去秦为从[62]，期年而举；卫离魏为衡[63]，半岁而亡：是周灭于从，卫亡于衡也。使周、卫缓其从衡之计，而严其境内之治，明其法禁，必其赏罚；尽其地力以多其积；致其民死以坚其城守；天下得其地则其利少，攻其国则其伤大，万乘之国莫敢自顿于坚城之下而使强敌裁其弊也[64]：此必不亡之术也。舍必不亡之术，而道必灭之事，治国者之过也。智困于内而政乱于外，则亡不可振也。

民之［政］自[65]计，皆就安利，如辟危穷。今为之攻战，进则死于敌，退则死于诛，则危矣；弃私家之事，而必汗马之劳，家困而上弗论，则穷矣。穷危之所在也，民安得勿避。故事私门而完解舍[66]。解舍完则远战，远战则安；行货赂而袭[67]当涂者则求得，求得则［私安私］利。安［则］[68]利之所在，安得勿就。是以，公民少而私人众矣。

夫明王治国之政，使其商工游食之民少，而名卑以寡[69]；趣本务而［趋］外[70]末作。今世近习之请行，则官爵可买，官爵可买，则商工不卑也矣。奸财货贾得用于市，则商人不少矣。聚敛倍农，而致尊过耕战之士，则耿介之士寡，而高价之民多矣。是故乱国之俗，其学者，则称先王之道以籍仁义，盛容服而饰辩说，以疑当世之法，而贰人主之心；其言古者，为设诈称，借于外力以成其私，而遗社稷之利；其带剑者，聚徒属，立节操以显其名，而犯五官之禁[71]；其患御者，积于私门，尽货赂，而用重人之谒，退汗马之劳；其商工之民，修治苦窳之器，聚弗靡之财，蓄积待时，而侔农夫之利[72]：此五者，邦之蠹也。人主不除此五蠹之民，不养耿介之士，则海内虽有破亡之国，削灭之朝，亦勿怪矣[73]。

---

①蠹：《说文》云："木中虫也。"五蠹，指学者（儒家）、言谈者（纵横家）、带剑者（游侠刺客）、患御者（逃避兵役的人）、商工之民（商人手工业者）。韩非认为，这五种危害国家的人像蛀虫一样，应当清除。 ②木实曰"果"；草实曰"蓏"。

蚌：软体动物。蛤：似蚌而圆。　③修古：上古；不期修古：不羡慕远古时代。　④株：断木。　⑤屋盖曰"茨"；茅茨：茅覆屋也。采：木名，即今之栎木也。又作"棌"。⑥粝：粗米；粢：谷类。藜：似蓬；藿：豆叶。　⑦麑（ní）裘：泛指质量差的兽皮衣服。葛衣：用葛的纤维做的粗布衣。⑧监门：司门人。亏：少也。　⑨臿：锹。　⑩胈：一作"肢"，股上白肉。　⑪絜：系也。《齐语》"桓公与之系马三百"，注："'系马'，良马在闲，非放牧者也。"　⑫谷水难得，故节以相遗也。膢：楚俗以二月祭饮食也；腊：冬至后三戌，腊祭百神也。　⑬庸：与"佣"通。窦：水道也。泽居，水道易湮塞，故买佣人通利之。　⑭至春则农之所蓄将尽矣，虽弟可爱，犹不饷之也。以食食人曰"饷"。　⑮士：通"仕"，做官。橐：通"托"，依托。　⑯铦（xiān）：铁锸一类的武器。　⑰辔（pèi）：缰绳。策：马鞭。駻马：不驯之马。⑱此儒墨所举称先王之事也。　⑲学者所谓如父子者，是慈父，孝子，室家和睦，而无乖乱者也；如学者之论，推广言之，则是以为天下无乖乱之父子也。　⑳胜：任也。听：从也。㉑遍天下，仅得七十人，言其寡也。　㉒仲尼仅一人。㉓南面：古代国君临朝时南向而立，表示尊贵。　㉔列徒：七十弟子也。　㉕楼季：战国初期魏文侯的弟弟，善于攀登跳跃。　㉖牂：牝羊。　㉗八尺曰"寻"；倍寻曰"常"。㉘以：依卢文弨说增。　㉙收：谓收赋敛也。　㉚世谓之有廉隅之人。　㉛随仇：雪知友之仇也。　㉜胜：制也。程：犹"量"也。　㉝趣：当作"取"。法：谓法之所非；取：

谓君之所取；上：谓上之所养；下：谓吏之所诛。四者相反也。㉞直躬：浑名。谓楚国有浑名“直躬”者。　㉟鲁人：指卞庄子。　㊱军败走曰“北”。　㊲《说文》引作“自营为厶”。“营”“环”本通用。私：当作“厶”，下同。《说文》又云：“公从‘八’从‘厶’；‘八’，犹背也。”　㊳见信：谓为上所信。受事：谓被任用也。　㊴高慈惠之行：谓儒也。廉：当作“兼”。《管子·形势解》云：“惠者，主之高行也；慈者，父母之高行也。”兼爱之说，谓墨也。　㊵荐：通“缙”；缙绅：儒服也。　㊶距：通“拒”。　㊷介：甲也。㊸简：谓简慢而不知勉也。　㊹夫妇：愚夫蠢妇也。《中庸》云：“夫妇之愚，可以与知焉。”　㊺“不”，下当有“可”字。㊻田常：田成子。春秋末齐卿。前481年发动政变，杀齐简公，控制政权。子罕：皇喜，战国中任宋国司城。劫杀宋桓侯，夺取政权。　㊼说：与“悦”通。　㊽周：切也。　㊾法：法令书也。《商子》二十六篇；《管子》八十六篇。　㊿《孙子》十三篇；《吴子》六篇。　51捍：与“悍”通。斩首：谓斩敌首也。　52王天下之资。　53舋（xìn）：同“衅”，隙罅，引伸为弱点。　54侔：齐也。　55群臣之言外事者，或党于合从，或党于连横，各有其分；若非然，则为报己仇雠之故，而借国之力也。　56未、兵：皆依俞樾说删。举图而委：谓举地图而委之大国也；效玺而请：谓收百官之玺，效之大国，而请大国发之也。　57依俞樾说删。　58交：依王渭说改“敌”。　59矰缴：所以取鸟者。以生丝系矢而射，流而取之。“矰缴之说”，谓以花言巧语猎取功名富贵。　60从衡者，皆不务内修其政，而徒事外事，曰：“如是，则大国可以王，小国可以安。”　⑥①治强之术，非能求之于外，而在于内政修明。　⑥②周去秦为从：前256年，西周君背离秦，参加了赵、魏、楚对秦的战争，结果失败，被秦国吞并。　⑥③卫离魏为衡：指卫与秦连衡而灭亡。　⑥④顿：坏也。谓恐兵败于坚城之下，强敌乘其弊而攻之也。　⑥⑤政，依王先慎说改“自”。　⑥⑥解舍：谓免徭役；即谋自托于私门，以免国家之徭役。　⑥⑦袭：因也。　⑥⑧依俞樾说改。　⑥⑨务使商工游食之民减少；有者，亦卑其名而穷弱之。　⑦⓪趋，依卢文弨说改“外”。　⑦①五官：谓司徒、司马、司空、司士、司寇。　⑦②侔：与“牟”通，贪取。　⑦③勿怪：不足怪。

显　学

世之显学，儒、墨也。儒之所至，孔丘也；墨之所至，墨翟也。自孔子之死也，有子张之儒[①]，有子思之儒[②]，有颜氏之儒[③]，有孟氏之儒[④]，有漆雕氏之儒[⑤]，有仲良氏之儒[⑥]，有孙氏之儒[⑦]，有乐正氏之儒[⑧]。自墨子之死也，有相里氏[⑨]之墨，有相夫氏之墨[⑩]，有邓陵氏之墨。故孔、墨之后，儒分为八，墨离为三[⑪]，取舍相反不同，而皆自谓真孔、墨。孔、墨不可复生，将谁使定世之学乎？孔子、墨子俱道尧、舜，而取舍不同，皆自谓真尧、舜。尧、舜不复生，将谁使定儒、墨之诚乎？殷、周七百余岁，虞、夏二千余岁，而不能定儒、墨之真；今乃欲审尧、舜之道于三千岁之前，意者其不可必乎？无参验而必之者，愚也；弗能必而据之者，诬也。故明据先王，必定尧、舜者，非愚则诬也。愚诬之学，杂反之行，明主弗受也。

墨者之葬也，冬日冬服，夏日夏服，桐棺三寸，服丧三日，世主以为俭而礼之；儒者破家而葬，服丧三年，大毁扶杖，世主以为孝而礼之。夫是墨子之俭，将非孔子之侈也；是孔子之孝，将非墨子之戾也。今孝、戾、侈、俭，俱在儒、墨，而上兼礼之。漆雕之议，不色挠，不目逃[⑫]；行曲则违于臧获，行直则怒于诸侯[13]；世主以为廉而礼之。宋荣子[14]之议，设不斗争，取不随仇，不羞囹圄，见侮不辱[15]；世主以为宽而礼之。夫是漆雕之廉，将非宋荣之恕也；是宋荣之宽，将非漆雕之暴也。今宽、廉、恕、暴，俱在二子，人主兼而礼之。自愚诬之学，杂反之辞争，而人主俱听之；故海内之士，言无定术，行无常议。夫冰炭不同器而久[16]，寒暑不兼时而至，杂反之学，不两立而治；今兼听杂学缪行同异之辞，安得无乱乎！听行如此，其于治人，又必然矣。

今世之学士语治者，多曰："与贫穷地，以实无资。"今夫与人相若也，无丰年旁入之利，而独以完给[17]者，非力则俭也；与人相若也，无饥馑疾疚[18]祸罪之殃，独以贫穷者，非侈则堕也。侈而堕者贫，而力而俭者富。今上征敛于富人，以布施于贫家，是夺力俭而与侈堕也；而欲索民之疾作而节用，不可得也。

今有人于此，义不入危城，不处军旅，不以天下大利易其胫一毛；世主必从而礼之，贵其智而高其行，以为轻物重生之士也。夫上所以陈良田大宅，设爵禄，所以易民死命也。今上尊贵轻物重生之士，而索民之出死而重殉上事，不可得也。藏书策，习谈论，聚徒役，服文学，而议说，世主必从而礼之，曰："敬贤士，先王之道也。"夫吏之所税，耕者也，而上之所养，学士也；耕者则重税，学士则多赏，而索民之疾作而少言谈，不可得也。立节参[19]［民］名，执操不侵[20]，怨言过于耳，必随之以剑，世主必从而礼之，以为自好之士。

夫斩首之劳不赏，而家斗之勇尊显，而索民之疾战距敌而无私斗，不可得也。国平则养儒侠，难至则用介士，所养者非所用，所用者非所养，此所以乱也。且夫人主于听学也，若是其言，宜布之官而用其身；若非其言，宜去其身而息其端。今以为是也，而弗布于官；以为非也，而不息其端。是而不用，非而不息，乱亡之道也。

澹台子羽[21]君子之容也，仲尼几而取之[22]，与处久而行不称其貌；宰予[23]之辞，雅而文也，仲尼几而取之，与处久而智不充其辩。故孔子曰："以容取人乎，失之子羽；以言取人乎，失之宰予。"故以仲尼之智，而有失实之声。今之新辩，滥乎宰予；而世主之听，眩乎仲尼；为悦其言，因任其身，则焉得无失乎。是以魏任孟卯之辩，而有华下之患[24]；赵任马服之辩，而有长平之祸[25]：此二者，任辩之失也。夫视锻锡而察青黄，区冶不能以必剑[26]；水击鹄雁，陆断驹马，则臧获不疑钝利。发齿吻、形容，伯乐不能以必马[27]；授车就驾，而观其末涂，则臧获不疑驽良。观容服，听辞言，仲尼不能以必士；试之官职，课其功伐，则庸人不疑于愚智。故明主之吏，宰相必起于州部，猛将必发于卒伍。夫有功者必赏，则爵禄厚而愈劝；迁官袭级，则官职大而愈治。夫爵禄大而官职治，王之道也。

磐石千里，不可谓富；象人百万[28]，不可谓强。石非不大，数非不众也，而不可谓富强者，磐石不生粟，象人不可使距敌也。今商官技艺之士，亦不垦而食，是地不垦，与磐石一贯也；儒侠毋军劳［显］而显[29]荣者，则民不使，与象人同事也。夫［祸］知祸[30]磐石象人[31]，而不知祸商官儒侠为不垦之地、不使之民，不知事类者也。

故敌国之君王，虽说吾义，吾弗入贡而臣；关内之侯，虽非吾行，吾必使执禽[32]而朝。是故力多则人朝，力寡则朝于人；故明君务力。夫严家无悍虏[33]，而慈母有败子，吾以此知威势之可以禁暴，而德厚之不足以止乱也。

夫圣人之治国，不恃人之为吾善也，而用其不得为非也。恃人之为吾善也，境内不什数；用人不得为非，一国可使齐。为治者用众而舍寡[34]，故不务德而务法。夫必恃自直之箭，百世无矢；恃自圜之木，千世无轮矣。自直之箭，自圜之木，百世无有一；然而世皆乘车射禽者何也，隐栝[35]之道用也。虽有不恃隐栝，而有自直之箭，自圜之木，良工弗贵也。何则？乘者非一人，射者非一发也。不恃赏罚，而恃自善之民，明主弗贵也。何则？国法不可失，而所治非一人也。故有术之君，不随适然[36]之善，而行必然之道。

今或谓人曰：使子必智而寿，则世必以为狂。夫智，性也；寿，命也；性命者，非所学于人也，而以人之所不能为说人，此世之所以谓之为狂也。谓之不能然，则是谕也。夫谕性也。以仁义教人，是以智与寿说人也，有度之主弗受也。故善毛啬、西施之美，无益吾面；用脂泽粉黛，则倍其初。言先王之仁义无益于治，明吾法度，必吾赏罚者，亦国之脂泽粉黛也。故明主急其助[37]而缓其颂，故不道仁义。

今巫祝之祝人曰："使若[38]千秋万岁。"千秋万岁之声聒耳，而一日之寿，无征于人，此人所以简巫祝也。今世儒者之说人主，不言今之所以为治，而语已治之功；不审官法之事，不察奸邪之情，而皆道上古之传誉，先王之成功。儒者饰辞曰：听吾言则可以霸王，此说者之巫祝，有度之主不受也。故明主举实事，去无用，不道仁义者故[39]，不听学者之言。

今不知治者，必曰："得民之心。"欲得民之心而可以为治，则是伊尹、管仲无所用也，将听民而已矣！民智之不可用，犹婴儿之心也。夫婴儿不剔首则腹痛[40]，不揊痤则浸益[41]。剔首揊痤，必一人抱之，慈母治之，然犹啼呼不止；婴儿子不知犯其所小苦，致其所大利也。今上急耕田垦草，以厚民产也，而以上为酷；修刑重罚，以为禁邪也，而以上为严；征赋钱粟，以实仓库，且以救饥馑、备军旅也，而以上为贪；境内必知介而无私解。并力疾斗，所以禽虏也，而以上为暴。此四者，所以治安也，而民不知悦也。夫求圣通之士者，为民知之不足师用。昔禹决江、浚河，而民聚瓦石[42]；子产开亩、树桑，郑人谤訾[43]。禹利天下，子产存郑，皆以受谤，夫民智之不足用亦明矣。故举士而求贤智，为政而期适民，皆乱之端，未可与为治也。

---

①《荀子·非十二子篇》云："第佗其冠，神禫其辞，禹行而舜趋，是子张氏之贱儒也。" ②《汉书·艺文志》有《子思子》二十三卷。 ③《艺文志》有《颜子》五卷。

④即孟轲氏。　⑤《艺文志》有《漆雕子》十三卷。

⑥良：一作“梁”。仲良氏，名怀，鲁人。陶渊明《群辅录·八儒篇》云：“仲梁氏传乐为道，以和阴阳，为移风易俗之儒。”

⑦《玉海》引《韩子》“孙”上有“公”字。《八儒篇》云：“公孙氏传《易》为道，洁清精微之儒。”《艺文志》有《公孙尼子》二十八篇。　⑧乐正氏，曾子弟子，名子春。　⑨《庄子》有相里勤。　⑩《意林》“夫”作“芬”。山仲质云：“‘相夫’，一作‘祖夫’。”《广韵》二十陌“伯”字注云：“《韩子》有伯夫氏，墨家流。”　⑪见《庄子》。　⑫挠：屈也。逃：避也。

⑬臧获：奴婢。奴为臧，婢为获。已行而无，则虽所对为奴婢，亦逃去也。二语即《孟子》“自反而不缩，虽褐宽博，吾不惴焉；自反而缩，虽千万人吾往矣”意。　⑭宋荣子：即宋钘。《汉书·艺文志》有《宋子》十八篇。　⑮《荀子·正论篇》云：“子宋子曰：‘明见侮之不辱，使人不斗。’”　⑯久：一作“处”。　⑰完给：富给也。　⑱疚：久病。　⑲参：犹“立”。　⑳执义操之心，而不为人所侵也。　㉑澹台，姓；子羽，字，名“灭明”，孔子弟子。　㉒几：期也。仲尼见澹台子羽有君子之容，以为当有君子之德，而取为弟子。

㉓宰予：宰我，孔子弟子。　㉔华下：即华阳，事在秦武王三十四年，魏安釐王四年。　㉕马服：赵奢子，括也。赵孝成王六年，廉颇将军军长平；七年，廉颇免而赵括代将。秦人围赵括，括以军降；卒四十万皆坑之长平。长平，赵国地名。位于今山西高平西。　㉖区冶：一作“欧冶”，古善铸剑者。锻锡：治剑必锻以锡；青黄：剑烧色也。谓仅察剑之材料与其

烧色，仍不能决剑之利钝。　㉗发齿吻：谓开马口而相其齿吻也。“形容”上脱“相”字。伯乐：古善相马者。　㉘象人：即俑人也。古代殉葬时用木头、陶泥做的假人。孟子曰：“始作俑者，其无后乎！谓其象人而用之也。”　㉙显：依王先谦说移“而”下。　㉚祸：依顾广圻说移“知”下。
㉛磐石：大石，此谓石头地。　㉜执禽：古代朝见君主时有持禽类作礼物的制度，大夫执雁（鹅），卿执羔（小羊），表示忠于君主。　㉝虏：奴仆。　㉞用不得为非之法，而舍待贤者之论。　㉟揉曲曰“隐”，正方曰“栝”。　㊱适然：谓偶然。　㊲助：一作“功”。　㊳若：汝也。
㊴者：古与“诸”通。故：事也，说也。　㊵劀首：剃发也。小儿宜冷头；不剃发则郁热聚于头，心腹冷痛矣。　㊶揊：裂而溃之，痤：痈也。　㊷聚瓦石击禹。　㊸訾（zǐ）：说人坏话。

心 度

圣人之治民，度于本，不从其欲，期于利民而已。故其与之刑，非所以恶民，爱之本也[①]。刑胜而民静，赏繁而奸生。故治民者，刑胜，治之首也；赏繁，乱之本也。

夫民之性，喜其乱而不亲其法。故明主之治国也，明赏，则民劝功；严刑，则民亲法。劝功，则公事不犯；亲法，则奸无所萌。故治民者，禁奸于未萌；而用兵者，服战于民心[②]。禁先其本者治；兵战其心者胜。圣人之治民也，先治者强，先战者胜[③]。

夫国事，务先而一民心，专举公而私不从，赏告而奸不生，明法而治不烦。能用四[④]者，强；不能用四者，弱。夫国之所以强者，政也；主之所以尊者，权也。故明君有权有政，乱君亦有权有政；积而不同，其所以立异也。故明君操权而上重，一政而国治。

故法者，王之自也；刑者，爱之自[⑤]也。夫民之性，恶劳而乐佚。佚则荒，荒则不治，不治则乱，而赏刑不行于[天][⑥]下者，必塞。故欲举大功，而难致而力者，大功不可几[⑦]而举也。欲治其法，而难变其故[⑧]者，民乱不可几而治也。

故治民无常，唯法为治。法与时转则治，治与世宜则有功。故民朴而禁之以名，则治；世知而[9]维之以刑，则从。时移而［治］法[10]不易者，乱；能治众而禁不变者，削。故圣人之治民，［治］法与时移，而禁与能变。

能［越］趋[11]力，于地者，富；能趋力于敌者，强；强不塞者[12]，王。故王道在所开，在所塞[13]。塞其奸者必王。故王术不恃外之不乱也，恃其不可乱也[14]。恃外不乱而治立者，削；恃其不可乱而行法者，兴。故贤君之治国也，适于不可乱之术[15]，贵爵则上重。故赏功爵任，而邪无所关。好力者其爵贵，爵贵则上尊，上尊则必王。国不事力，而恃私学者，其爵贱；爵贱则上卑，上卑者必削。故立国用民之道［也］[16]，能闭外[17]塞私，而上自恃者，王可致也。

---

①为良民除奸邪，是博爱之本也。　②民心能服其战令也。　③先战：谓先战心也。　④四者：谓务先、举公、赏告、明法也。　⑤自：古“鼻”字。鼻：始也。　⑥天：依顾广圻说删。　⑦几：幸也。　⑧故：民性之结习也。　⑨知：读为“智”。而，依卢文弨说增。　⑩治，依王先谦说改“法”。　⑪越：依顾广圻说改“趋”。　⑫不塞：通行也；与上“必塞”对。　⑬开：开公道，开力作也；塞：塞浮辞，塞私义也。　⑭不幸人之不乱，而恃己之不可乱。⑮适：合也。可：依顾广圻说增。　⑯也：依王先谦说删。⑰外：外国；闭外：使外国不能谋我也。